# Paardenkookboek en Paardenvoeding

Paul van Dijk

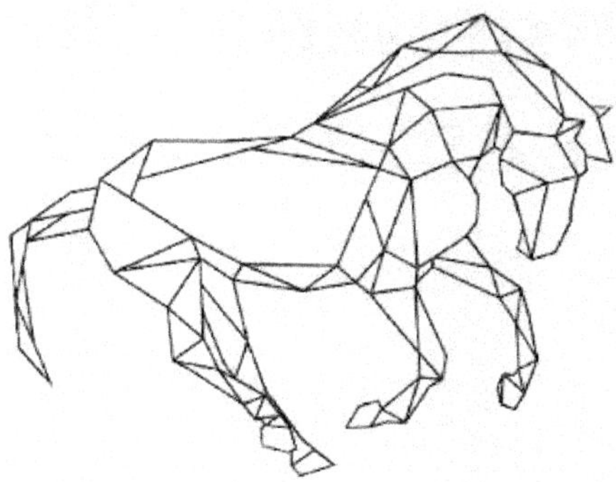

# Inhoud


**Inleidend** 1

**Paardenvoeding - Wat komt er bij kijken?** 5

Het spijsverteringskanaal van het paard 10

De samenstelling - Wat heeft een paard nodig? 15

**Paarden traktaties - achtergrond informatie** 20

Doe het zelf in plaats van te kopen 24

**Zelf traktaties maken - de theorie** 27

Natuurlijke samenstellingen 27

Voordelen van kruiden en planten 30

Wat te doen zonder 41

**Zelf traktaties maken - De praktijk** 47

Inhoudsopgave van de recepten 47

Fruitige dagelijkse traktaties 49

*Fruitige Kamille Koekjes* 49

*Bieten koekjes* 51

*Anijs-biet koekjes* 52

*Rode bieten koekjes met Reishi* 54

*Fruity Crunchies* 56

*Bramen-rozemarijn snoepjes zonder haver* 58

*Weide kussen zonder graan* 60

*Haverkoekjes met berkenblaadjes* 62

*Havermout Bananen Reep* 64

*Bananenbrood met havervlokken* 65

*Stukjes banaan* 67

*Banaan Kokosnoot Koekjes* 69

*Banaan-wortel reep* 71

*Banaan-kurkuma koekjes* 73

*Bananenkoekjes met ribkruid en tijm* 75

*Bosbessen Bananen Traktaties met Gierst* 77

*Knoflook biscuits* 79

*Perenkoekjes* 81
*Wortel-haver blokjes* 83
*Appel-Millet-Taler* 85
*Appel Thaler met Venkel* 86
*Appel en wortel taler* 88
*Verrassingsappel* 90
*Zoete aardbeien koekjes met brandnetels* 92
*Rozenbottel lijnzaad koekjes* 93
*Rozenbottel Hibiscus Koekjes* 95
*Zoete bloemkoekjes* 97
*Goudsbloembloemkoekjes met frambozen en wortelen* 99
*Goudsbloembloemkoekjes met aardbeien en malve* 101
*Zoete zomerkoekjes* 103
*Individuele kruidenhoekjes* 105
*Supervoedselmix* 106
Traktaties voor het winterseizoen 108
*Hoestsnoepjes voor paarden* 108
*Zoethout kerstkoekjes* 110
*Apple Cinnamon Kerstballen* 112
*Tarwe Zemelen Zonnebloempitten Crackers* 114
*Spelt Bites* 116
*Honing bommen* 118
*Notenreep met rode bessen* 120
*Pompoen en zwarte komijn stokjes* 122
Horse Cake en Muesli 124
*Verjaardagstaart* 124
*Appeltaart* 126
*Appel-banaan taart* 128
*Appel en rode bieten taart* 130
*Worteltaart* 132
*Paarden muesli* 134
**Afsluitende opmerkingen** **136**
**Bronnen** **139**

# Inleidend

De geschiedenis van mens en paard gaat duizenden jaren terug. Door de eeuwen heen zijn paarden voor zeer uiteenlopende doeleinden gebruikt. Zo werkten zij op het platteland en werden zij enkele duizenden jaren geleden gebruikt op slagvelden, toen krijgers nog te paard vochten met lans en schild. Paarden zijn dus altijd in het leven van de mensen geweest. Sinds de 17e eeuw is ook de paardensport bijzonder groot geworden en zowel de disciplines als de technieken ontwikkelen zich voortdurend. Bovendien werd het springen rond 1900 erkend als een Olympische discipline. Het is dan ook duidelijk dat wij mensen in de loop der jaren hebben geleerd hoe wij de voeding van paarden kunnen perfectioneren. Door studies en zelfs wetenschappelijke analyses is nu bekend hoe de spijsvertering van paarden werkt, en ook al zijn er geen mysteries meer op te lossen, dit is nu juist een ingewikkelde zaak.

De maag van het paard is bijzonder complex en aanzienlijk groter dan die van een ruiter, maar hij kan veel minder verdragen dan die van een mens. Paarden moeten opletten wat ze eten en hebben daar in het wild een heel speciaal gevoel voor ontwikkeld. Zij blijven weg van planten die een negatieve invloed hebben op hun gezondheid of die moeilijk te verteren zijn, en zij doen dit op natuurlijke wijze. Deze planten kunnen er net zo uitzien als een smakelijke en gezonde plant en toch blijven paarden er van weg. Hun intuïtie is veel groter dan die van een mens, maar de meeste paarden leven nu niet meer in het wild, maar worden door bekwame ruiters in stallen of weiden gehouden. In beide gevallen is er slechts een beperkte keuze aan voedsel. In de weide kan iets meer worden gegeten, maar de voedingsstoffenbalans is verre van gedekt, zelfs in een bijna vrije uitloopsituatie.

De mens moet er dus voor zorgen dat de paarden het goed hebben, en niet door ze onderdak te bieden. Een paard moet worden verzorgd en zijn hoeven moeten ook regelmatig aandacht krijgen. Het belangrijkste is echter de dagelijkse voeding van het paard. Een ruiter moet weten wat een paard precies nodig heeft, want de juiste voedingsstoffen en ingrediënten in het paardenlichaam krijgen, wordt niet gegarandeerd door het hoofddieet alleen. In plaats daarvan kunnen traktaties het ongemak helpen verlichten en het lichaam verder versterken.

Vele grote bedrijven hebben zich hierin gespecialiseerd, maar deze traktaties worden in grote hoeveelheden geproduceerd en niet elk paard verdraagt ze, ook al zijn ze precies voor dit doel gemaakt. Het maag-darmstelsel van het paard is zo complex dat we alleen door observatie en testen kunnen achterhalen wat een paard werkelijk nodig heeft. Zelf traktaties voor uw paard maken is dus bijzonder de moeite waard. Er zijn veel verschillende soorten en de samenstelling ervan kan optimaal worden afgestemd op het voedingsevenwicht van het paard. Daarom is het belangrijk dat een paardeneigenaar die zich bezighoudt met de dagelijkse voeding van zijn paard, de basisprincipes begrijpt.

Paarden kunnen bijvoorbeeld alleen bepaalde voedingsmiddelen verdragen en zelfs als deze traktaties ook voor mensen bijzonder lekker smaken, is het belangrijk te begrijpen dat paarden traktaties niet zomaar koekjes zijn. Dit bakboek is daarom geschreven om paarden niet alleen te geven wat ze in het wild uit zichzelf zouden binnenkrijgen, maar het biedt ook de kans om je eigen paard nieuwe smaken te geven die anders zijn dan het eentonige hoofdvoer.

De in dit boek beschreven recepten kunnen allemaal worden aangepast en elke lezer moet zich aangemoedigd voelen om te experimenteren en plezier te hebben met bakken. Daarbij kan het er binnen de vier muren van de keuken zeker een beetje chaotisch aan toe gaan. Kruiden, groenten en zelfs fruit kunnen in de eigen tuin worden gekweekt, ook al moeten sommige daarvan natuurlijk worden geïmporteerd. Bananen, bijvoorbeeld, zijn zelden te vinden in een Duitse tuin. Niettemin is het voeren van zelfgemaakte traktaties een van de meest natuurlijke voedingen die een paard in de humane veeteelt kan krijgen. De kaak wordt versterkt door de gedroogde biscuits, de ingrediënten kunnen de darmflora, hoeven, haar en vacht helpen, astmatici kunnen worden geholpen en zelfs kolieken en krampen kunnen worden verminderd door het eenvoudig voeren van paardenkoekjes. Natuurlijk moet gezegd worden dat het geven van traktaties aan paarden niet in de plaats komt van een bezoek aan de dokter of het nemen van medicatie. Als een paard aan een ziekte lijdt, is het heel belangrijk om vooraf met een dierenarts te praten over het geven van traktaties. Een professional weet het altijd beter, daarom is een consult altijd de moeite waard.

Maar traktaties helpen ook als een paard in goede gezondheid verkeert. Het immuunsysteem kan worden versterkt, evenals de natuurlijke bacteriële afweer, maar paardenkoekjes zijn vooral nuttig bij de dagelijkse training. Ze kunnen worden gebruikt als een zeer speciale beloning, waardoor niet alleen de prestaties van het paard verbeteren, maar ook de relatie tussen mens en paard. Het maakt niet uit of voor koekjes of biscuitjes wordt gekozen, voor de ochtendmuesli, voor een snack tussendoor, voor rollis of liever voor een hele taart. Dit boek bevat een grote verscheidenheid aan recepten die gebruikt kunnen worden voor paarden van alle leeftijden en herkomst en die zelfs geschikt zijn voor mensen met een allergie.

Alvorens echter de eerste recepten te beschrijven, die naar believen kunnen worden gevarieerd en uitgeprobeerd, moeten eerst enkele fundamentele vragen worden opgehelderd. Welke planten zijn zeer giftig voor paarden, ook al zijn ze heel gezond voor mensen? Wat verdraagt het complexe maag-darmstelsel en wat moet liever vermeden worden? Kortom: Hoe werkt paardenvoeding eigenlijk precies?

# Paardenvoeding - Wat komt er bij kijken?

De voeding van paarden moet een onderscheid worden gemaakt tussen een paard dat het grootste deel van de tijd in een stal leeft en een paard dat op een weide graast. Grazen is de meest natuurlijke vorm van lichaamseigen voeding en behoeft daarom niet veel aandacht van de mens. Gras is bijvoorbeeld een hoofdvoedsel dat ook wilde paarden in het wild eten, en wel bijna uitsluitend. Als een paard op een weide wordt gehouden, moet ervoor worden gezorgd dat er altijd voldoende weidegrond beschikbaar is. Het gaat daarbij niet eens zozeer om de grootte van de weide, maar veeleer om de soortenrijkdom van de weideplanten die in een weide kunnen worden aangetroffen, en uiteraard moet ervoor worden gezorgd dat er ook in de herfst of de winter altijd voldoende gras is. Daarom moet de wei af en toe ververst worden. De herders verversen de weide voor hun geiten en koeien om de drie maanden. Paarden eten echter niet zo veel gras. De weide moet dus twee- tot driemaal per jaar worden ververst, of het volstaat de paddock om de drie maanden aan de ene kant te vergroten en aan de andere kant te verkleinen, zodat het weggevreten gras weer rustig kan aangroeien.

Als het paard echter elke dag wordt bereden en daardoor veel zweet en veel calorieën en voedingsstoffen verbruikt, is weidegang niet meer voldoende. Op deze momenten heeft hij bijvoeding nodig. Bij paarden die het hele jaar door worden geweid en meestal minder worden bereden, gebeurt dit vooral in de winter, wanneer er onder sneeuw en kou weinig gras is en dus niet genoeg om de voedingsstoffenbalans van een paard op peil te houden.

Als het paard in een stal wordt gehouden, moet aanzienlijk meer aandacht worden besteed aan de voeding. De hoeveelheid voer hangt traditioneel af van het lichaamsgewicht en ook van de prestaties die het paard moet leveren. Paarden die bijzonder kalm zijn, komen bijvoorbeeld snel aan en daarom moet het rantsoen worden verminderd. Andere paarden zijn bijzonder actief, zelfs als ze niet bereden worden. Ze zijn zeer actief in hun stal en komen dus niet aan, zelfs niet als ze grote hoeveelheden krijgen, want ze zorgen ervoor dat ze hun energie zelf kwijt raken.

In de stal kunnen de paarden aanzienlijk minder voedingsstoffen opnemen. In een weide groeit niet alleen gras, maar ook bloemen en kruiden. Zo nu en dan kan er ook een vrucht gevangen worden. Paarden gebruiken dit om hun eigen darmflora te reguleren. Zij weten precies wat hun lichaam nodig heeft en wat niet, en zelfs als bepaalde dingen lekker smaken, weten zij nog steeds dat het hun spijsverteringsstelsel schaadt, en daarom blijven zij er van weg. In een stal moet de mens het onderhoud van de darmflora overnemen.

Voor een goede voeding is een evenwichtige samenstelling van het totale rantsoen nodig om het biologisch evenwicht van de dikke-darmflora te bevorderen. Paarden in stallen krijgen hoofdzakelijk voeding op basis van granen. Het kan echter gebeuren dat de samenstelling niet evenwichtig genoeg is en dienovereenkomstig door de mens moet worden verbeterd.

Hij heeft een royaal ruwvoerrantsoen nodig dat bestaat uit hooi dat na de bloeiperiode wordt geoogst. Vóór de bloeiperiode kan voederstro worden gebruikt, dat een hoog aandeel ruwe celstof bevat en slechts een zeer laag aandeel eiwit. Dit kan leiden tot een evenwichtige bufferfunctie.

Hooi is dus een van de hoofdvoedingsmiddelen van paarden. In principe is het gewoon gedroogd gras. In dit verband kan er ook op worden gelet dat het hooi afkomstig is van een zeer soortenrijke weide en bijgevolg alle ingrediënten en mineralen bevat die het paard nodig heeft. Hoewel het dus slechts gedroogd gras is, moet ervoor worden gezorgd dat het hooi niet vochtig is. Nat gras is perfect in orde, maar nat hooi niet, want het minste vleugje water zal onmiddellijk schimmel doen ontstaan in het hooi, wat zeer gevaarlijk kan zijn voor paarden. Wij mensen willen ook geen schimmel eten.

Als tip kan worden gegeven dat hooibalen of -stapels altijd eerst met een hooivork moeten worden opgeschud, zodat het stof op de grond valt. Dit is ook een goede manier om te controleren of er zich een beetje water in de hooibaal heeft opgehoopt.

Naast hooi maakt ook "kaf" deel uit van de basisvoeding van paarden. Kaf" is een mengsel van stro en hooi. Of zuiver hooi dan wel kaf wordt gevoerd hangt af van het paard en de ruiter, maar het is belangrijk dat hooi en stro samen de helft van het rantsoen van het paard uitmaken, aangezien beide voor een optimale spijsvertering zorgen en het dichtst bij een natuurlijke weidevoeding staan.

Aangezien slechts 50 procent van het hooi en stro afkomstig is, heeft het ook krachtvoer nodig. Haver geniet de voorkeur van de meeste paardeneigenaars omdat haver bijzonder rijk is aan zetmeel, eiwitten en vet en zo de belangrijkste ingrediënten in het lichaam van het paard brengt. Toch moet erop worden toegezien dat niet te veel haver wordt gevoerd, want haver levert veel energie. Daarom kan het gebeuren dat het paard bijzonder temperamentvol wordt en ook opvliegend. Naast haver kunnen ook gerst en lijnzaad worden gebruikt. Deze moeten echter eerst worden gekookt alvorens te worden gevoerd. In snacks en traktaties kunnen beide ook rauw en ongekookt worden gebruikt, aangezien traktaties niet in zulke grote hoeveelheden worden gevoerd als het geval is bij krachtvoer. Beide zorgen overigens voor een bijzonder glanzende vacht en sterke hoeven.

Het dieet van een paard omvat ook de inname van mineralen. Mineralen kunnen echter niet worden opgenomen via hooi en stro of via krachtvoer, en als dat wel het geval is, dan slechts in zeer kleine hoeveelheden, omdat mineralen worden opgenomen via zout. Mensen consumeren tijdens hun leven veel zout, aangezien het in al ons voedsel aanwezig is, maar paarden vinden geen zout in hun natuurlijke voeding. Daarom worden vaak zoutlikstenen gebruikt, zodat de paarden zelf hun noodzakelijke mineralen kunnen opnemen. Zoutpannen zijn belangrijke bronnen van zout, dat niet in de natuur voorkomt. Bovendien leveren zoutlikken niet alleen zout, maar ook kalk en fosfor, die bijzonder belangrijk zijn voor de beenderen.

Ten slotte is de waterinname natuurlijk bijzonder belangrijk. De ideale watertemperatuur ligt tussen acht en twaalf graden Celsius. Dit komt omdat paarden minder zweten dan mensen door hun vacht. Zweten regelt de lichaamstemperatuur. Koel water kan helpen om dit te reguleren. Dit is vooral belangrijk in de zomer. Het water mag echter niet kouder zijn dan acht graden, aangezien paarden tanden hebben die zeer gevoelig zijn voor kou.

Water is een basisbehoefte, en daarom moet er altijd genoeg van zijn. Dit betekent dat de watervoorziening meermaals per dag moet worden gecontroleerd, want paarden drinken gemiddeld 35 liter per dag. In de winter is het soms maar tien tot 20 liter en tijdens zware arbeid kan tweemaal de dagelijkse hoeveelheid worden gedronken. In de zomer is het niet ongewoon dat paarden 80 liter drinken. Paarden die grazen drinken minder dan paarden die op stal staan. Als er niet genoeg water is, zodat het paard niet voor zichzelf kan zorgen, kunnen ernstige ziekten optreden, en dat in slechts enkele dagen.

Het voederen van een paard is dus niet erg eenvoudig. Er moet met veel verschillende factoren rekening worden gehouden en de dagelijkse hoeveelheid voeder varieert ook sterk, aangezien het lichaamsgewicht moet worden berekend en ook de prestaties van het paard. In principe kan echter worden gesteld dat een volgroeid rijpaard dat niet op hoog niveau presteert en dus geen sportpaard is, ongeveer acht kilogram hooi en 2,5 kilogram strooisel eet. Daarom moet dagelijks tussen tien en elf kilo worden gevoerd. Dit is berekend zonder de facultatieve hoeveelheid krachtvoer, zonder water en natuurlijk zonder traktaties. Bovendien moet het voeder niet in één grote portie worden gegeven, maar moet de hoeveelheid hooi over twee tot drie porties worden verdeeld, omdat de paarden zich anders 's morgens zouden overeten.

Daartoe is het van belang aandacht te besteden aan de hoogste kwaliteit. Het is niet ongewoon dat paardeneigenaars voedselresten zoals stoffige en vaak rotte groenten of beschimmeld brood aan het voer toevoegen. Dit heeft geen onmiddellijk negatief effect op de spijsvertering van het paard. Paarden worden niet zo snel ziek als mensen. Toch verhindert het de gezonde en belangrijke ontwikkeling van micro-organismen in de darm van het paard. Restjes voedsel moeten dus worden vermeden. In plaats daarvan moet, naast zuivere graanvoeding, een beroep worden gedaan op plantaardige vetten, zoals maïskiemen. Dit kan onder andere de activiteit van de lipasen stimuleren.

Het is belangrijk om de darmflora te stabiliseren. Daarom worden appels en bieten of zonnebloempitten vaak gevoerd naast hooi, verse groenteschillen en kruiden. Er moet aandacht worden besteed aan een verstandige voedingscomponent. Dit is de enige manier om de prestaties en vooral het welzijn van het paard te verbeteren. Bovendien is het spijsverteringsproces van een paard niet zo gemakkelijk, en daarom heeft het de steun van de mens nodig, zodat het spijsverteringssysteem op gang kan worden gebracht.

Aangezien het spijsverteringsstelsel van het paard aanzienlijk verschilt van dat van de mens, zal het in dit hoofdstuk worden toegelicht om belangrijke voorkennis te verschaffen voor de bereiding van traktaties.

## HET SPIJSVERTERINGSKANAAL VAN HET PAARD

De spijsvertering van het paard is veel gecompliceerder dan die van de mens. De spijsvertering is niet alleen geconcentreerd in de maag, maar is verdeeld in vier compartimenten: de spijsvertering in de mond en de keelholte, de spijsvertering in de maag, de spijsvertering in de dunne darm en de spijsvertering in de dikke darm. Ook al is de vertering van voedsel een stuk eenvoudiger, de theorie is veel ingewikkelder.

De eetlust van het paard wordt gestimuleerd in het mond- en keelgebied. Dit gebeurt niet alleen door de smakelijkheid, maar ook door de geur van het voer. Daarom is het belangrijk om bij het voederen van paarden aandacht te besteden aan een hoge kwaliteit van de grondstoffen, aangezien paarden nogal kieskeurig zijn. Daarom moet er ook een natuurlijke variëteit aan planten aanwezig zijn.

In het wild vertrouwen paarden vaak op de werking van kruiden. Omdat deze een speciaal effect hebben, worden ze vaak in de compositie gebruikt. Welke kruiden precies geschikt zijn voor paardenvoeding, komt in een later hoofdstuk aan de orde. Hier vermelden we echter alleen welke meestal positieve effecten kruiden kunnen hebben op de maag van het paard. Veel kruiden kunnen helpen bij zeer specifieke problemen. Het voederen is ook bijzonder gemakkelijk, aangezien kruiden bijzonder goed kunnen worden benut door het sterke spijsverteringskanaal van het paard. Bovendien wordt een algemeen gezonde spijsvertering ondersteund, aangezien het natuurlijke eetgedrag wordt bevorderd. De inname van kruiden en planten simuleert zo de voederopname in het wild, wat ook de maag helpt beter te werken.

Een spijsvertering moet echter niet alleen uit kruiden bestaan. Aangezien deze bijzonder goed door het spijsverteringskanaal worden verwerkt, is er geen sprake van langdurige verzadiging. Ofwel moet er op deze momenten meer gevoerd worden, in welk geval een overdosis kruiden en hun effect kan optreden, ofwel verliest het paard op den duur gewicht, omdat kruiden niet in het lichaam blijven en zich daar niet vestigen. Als u toch een gericht effect wilt hebben, moet u ervoor zorgen dat ten minste drie procent van het voer uit kruiden bestaat, anders kunnen de kruiden hun zeer belangrijke werking op het darmkanaal niet ontwikkelen.

In principe zijn kruiden en in de natuur voorkomende planten bijzonder belangrijk voor de eetlust. Alleen een kieskeurige eetlust kan leiden tot voedselinname, vooral omdat de spijsvertering al in de mond of slokdarm begint. Paarden besteden een lange tijd aan het kauwen van hun voedsel. Dit is zo belangrijk omdat paarden hun voedsel uitbraken. Ruwvoer wordt door paarden van nature lang gekauwd, maar als krachtvoer wordt gegeven, moet worden gezorgd voor een heterogene samenstelling, zoals intacte plantenvezels, zaden, gedroogde vruchten, hooikaf en ook graanbestanddelen, zodat er een verschillende textuur is van fijnere en grovere structuurbestanddelen. Nogmaals, dit simuleert een natuurlijke voeding voor het paard, wat leidt tot verdere insalivatie. Het biedt het paard ook keuze en vermaak tijdens het eten. Het doel is om een glibberige voedselbrij in de mond te creëren. Het toegevoegde speeksel bevordert de vorming van maagsap. Tijdens het kauwen wordt de alvleesklier dus gestimuleerd en kan de afscheiding van spijsverteringsenzymen op gang worden gebracht voordat het voedsel de maag bereikt. Dit ingenieuze systeem van voedselretentie vóór de eigenlijke vertering helpt op natuurlijke wijze maagklonters en slokdarmverstoppingen te voorkomen.

De maag is waar de eigenlijke vertering begint. De maag van een paard kan tot 18 liter bevatten. Aangezien paardenvoer zelden bijzonder schoon is, worden ongewenste kiemen op natuurlijke wijze gedood door de heersende zure omgeving wanneer de voedselbrij in de maag terechtkomt. De spijsvertering varieert ook. Zo kan de voedselbrij tussen één en vijf uur in de maag blijven.

Dus ook al kauwen paarden bijzonder lang en duurt de uitscheiding lang, zij zijn niet altijd geduldig. Een veel voorkomend probleem in de maag van het paard is dan ook koliek. Die ontstaan als er te weinig wordt gekauwd. Dit leidt tot een foutieve gisting in de maag, wat maagdruk veroorzaakt. Paarden die niet lang genoeg kauwen en het voer niet voldoende insaliveren, moeten een nat rantsoen krijgen. Alleen dan kunnen de voorwaarden worden geschapen voor een goede vertering van de dunne darm.

Bij de vertering in de dunne darm worden de vezelbestanddelen uit hooi en stro niet meegenomen, deze worden onverteerd doorgegeven aan de dikke darm. De dunne darm zelf dient meer voor de benutting van snel verteerbare geconcentreerde voederbestanddelen. Met name de alvleesklier wordt hier gestimuleerd, zodat de noodzakelijke spijsverteringsenzymen in de dunne darm kunnen vrijkomen. Dit wordt gestimuleerd door het stimuleren van de eetlust in de mond en keelholte. In de dunne darm zelf worden eiwitten of zogenaamde "proteasen" verteerd, evenals vette oliën. Dit wordt gedaan door lipase. Hier worden zaden en grassen verteerd die ruwe vezels bevatten, die zelfs na lang kauwen de dikke darm kunnen verstoppen.

De dikke darm zelf is bijna acht meter lang en heeft een volume van meer dan 130 liter. Het bestaat uit de blindedarm en de kleine en grote dikke darm. Terwijl de dunne darm zorgt voor de licht verteerbare voedingsbestanddelen, zorgen de fermentatiekamers in de dikke darm voor de "moeilijk verteerbare" voedingsbestanddelen - de ruwe vezels. Ruwe celstofvoeders zijn hooi, gras, stro, kuilvoer en bladeren. De bestanddelen die daaruit worden gehaald, hemicellulose, cellulose en pectine, kunnen 33 tot 44 uur in de dikke darm blijven en vervolgens door de lichaamseigen micro-organismen worden geabsorbeerd. Dit kan zorgen voor goed verteerbare vetzuren die bijdragen tot de energievoorziening, B-vitamines en sporenelementen. Om deze micro-organismen te laten overleven is echter een voeder van hoge kwaliteit nodig, want alleen dan is het gehalte aan ruwe celstof voldoende. Als het biologisch evenwicht in de dikke darm verstoord is, kan de gezondheid van het paard negatief worden beïnvloed.

Voor een paardeneigenaar is het ook belangrijk te weten dat paarden moeite hebben met het verteren van zetmeel, dat voorkomt in een zeer graanrijk dieet. Het overgebleven zetmeel komt in de dikke darm terecht en verschuift daar het evenwicht van de micro-organismen. Dit leidt tot meer gasvorming en dus tot winderigheid. Een teveel aan zetmeel kan ook leiden tot hyperaciditeit, omdat de vorming van lichaamseigen zuren wordt gestimuleerd. Dit leidt tot spanning en ook tot irritatie van de slijmvliezen. Het bevordert ook de vorming van gifstoffen en kan leiden tot stofwisselingsproblemen. Door gassen, toxines en zuren wordt het milieu in de dikke darm verstoord en is een optimale benutting van alle voederbestanddelen niet meer gewaarborgd.

Bovendien kan irritatie, vervolgens verdikking en uiteindelijk ontsteking van het darmslijmvlies optreden. Het resultaat is een verminderde opname van voedingsstoffen. Belangrijke mineralen en sporenelementen kunnen dan niet meer worden benut. Dit belemmert de vitamineopname in de dikke darm. Dit leidt tot tekorten aan B-vitamines en vitamine B7 of biotine.

Ook eiwitrijke voeding moet worden vermeden. Een hoog concentraat aan eiwitten is te vinden in haver, tarwezemelen, extractiemeel en vooral in jong gras. Bij een teveel aan eiwit in de dikke darm zijn de darmbacteriën gedwongen het eiwit te gebruiken voor energie. Ze trekken het eiwit omhoog en stoten ammoniak af, dat samen met het eiwit omhoog wordt getrokken. De ammoniak blijft in het lichaam hangen en wordt geabsorbeerd door het darmslijmvlies, waardoor het in de bloedbaan terechtkomt. Het komt dan in de lever en het ureum. Wanneer het paard begint te stallen - wanneer het lange tijd in een stal staat - kan de hoefhoorn beschadigd worden doordat de ammoniak in de bodembedekking van de stal wordt uitgescheiden. Het komt ook via inademing in het longweefsel terecht en kan daardoor ernstige ademhalingsproblemen veroorzaken. Het is ook belastend voor de lever en de nieren.

Een evenwichtige voeding voor paarden is dus onontbeerlijk voor een complexe spijsvertering. Maar welke samenstelling is in detail nodig?

# DE SAMENSTELLING - WAT HEEFT EEN PAARD NODIG?

In de moderne tijd wordt een zeer centraal en veel voorkomend probleem binnen de paardenvoeding duidelijk. Intussen is de bodem waaruit paarden niet alleen mineralen maar ook vitaminen halen, niet meer zo rijk aan voedingsstoffen als vroeger. De planten zijn dus niet meer bijzonder nuttig voor de darmen van het paard. Bovendien is de vegetatie op de huidige weiden zeer eenzijdig en biedt ze de paarden dus geen veelzijdigheid meer. Dit is zo problematisch omdat de paarden verschillende spoorelementen, vitaminen en ook mineralen missen, die slechts selectief voorkomen en dus niet kunnen worden gevonden op een weide met een eenzijdige vegetatie. Vrij grazende paarden moeten dus genoegen nemen met wat zij kunnen vinden, hetgeen betekent dat zij niet langer instinctief kunnen selecteren. De situatie is vergelijkbaar op akkerland. Zelfs in hooi zijn er dus niet meer zoveel vitale ingrediënten als vroeger het geval was.

Mineralen en vitaminen, alsmede bepaalde aanvullende diervoeders, zijn van essentieel belang voor het overleven van het lichaam. Mineralen zijn bulkelementen, die worden geteld in grammen, terwijl sporenelementen worden gemeten in milligrammen. Beide nemen zeer belangrijke taken van de stofwisseling over en houden zo het lichaam gezond. Zij activeren onder andere zogenaamde enzymen en ondersteunen het transport van vitaminen en hormonen. Ze helpen bij veel bouwplaatsen in het paardenlichaam. Zij versterken bijvoorbeeld de botstructuur en de stabiliteit van het weefsel en zijn ook betrokken bij het zuurstoftransport. Als de natuurlijk voorkomende weiden geen mineralen en vitaminen leveren, wordt het snel levensbedreigend voor het paard.

Bijgevolg moet een paardeneigenaar deze taak zelf op zich nemen. De behoefte van het paard aan vitaminen en mineralen is echter sterk gericht op de chemie en slechts weinigen zijn daar zo precies mee vertrouwd dat er geen complicaties optreden. Om dit te voorkomen en om ervoor te zorgen dat het paard een goed uitgebalanceerd en dienovereenkomstig volledig dieet kan eten, zullen de chemische aspecten hier kort worden toegelicht.

Op het gebied van vitaminen wordt een fundamenteel onderscheid gemaakt tussen twee verschillende soorten. Er wordt een onderscheid gemaakt tussen de in water oplosbare vitaminen, waaronder vitamine C en de B-vitaminen, en de in vet oplosbare vitaminen, waaronder de vitaminen A, D, E en K. Bij gezonde paarden is vitamine C niet nodig omdat het van nature in het paardenlichaam wordt aangemaakt. Gezonde paarden kunnen zonder vitamine C, aangezien het van nature in het paardenlichaam wordt aangemaakt. Verzwakte paarden kunnen echter baat hebben bij een vitamine C-supplement. Mineralen daarentegen kunnen alleen via de voeding worden opgenomen. Mineralen die essentieel zijn om te overleven zijn calcium, kalium, magnesium, fosfor, chloor, natrium en ook zwavel. Jonge paarden, fokmerries en vooral sportpaarden die het beste van zichzelf geven op wedstrijden en in de dagelijkse training, hebben een grotere behoefte aan deze bulkelementen.

Bij de dosering moet worden gelet op de juiste verhouding tussen fosfor en calcium, omdat anders niet alleen een overdosis kan ontstaan, maar de twee elementen elkaar ook kunnen uitbalanceren. Er moet meer calcium worden gegeven dan fosfor in een verhouding van 2:1. Als het voer te veel fosfor bevat, kan er snel botverlies optreden en kan zelfs het toegevoegde calcium niet meer helpen.

Paarden die veel zweten, kunnen daarentegen een kalium-, natrium- of chloortekort hebben. Daarom gebruiken veel paarden-eigenaars, vooral in de winter, zoutlikken, die voldoende zijn voor paarden met een gemiddelde belasting. Paarden zijn zeer slimme dieren en zij zijn zich dus ook bewust van de behoeften van hun eigen lichaam. Een zoutpik die vrij beschikbaar is, wordt dus door paarden anders gebruikt. Ook al mag zo'n lik niet worden gebruikt voor een tijdje, het is belangrijk een paard hier niet toe te dwingen. Als het paard merkt dat de mineralenbalans van zijn eigen lichaam afneemt, zal het uit zichzelf terugkomen naar de zoutpik.

Prestatiegerichte atleten hebben veel meer nodig dan een likje zout. High performance paarden omvatten renpaarden, endurance paarden en eventing paarden. Deze paarden produce-ren aanzienlijk meer zweet en ook elektrolyten. Dit zijn mineralen die in het lichaam van het paard voorkomen als positief of negatief geladen deeltjes. In deze gevallen kunnen verschillende chloriden aan het dagelijks voer worden toegevoegd, zoals natriumchloride, kaliumchloride of ook magnesiumchloride. Deze chloriden lossen bijzonder goed op in het dagelijkse drinkwater en worden door het paard niet opgemerkt.

Bij de dosering van mineraalvoeder is het van belang na te gaan of de paarden uitsluitend in de wei worden gehouden dan wel op stal staan. Als de paarden hoofdzakelijk op een bloeiende weide worden gehouden, zijn likstenen met mineralen verstandiger dan likstenen met zout. Niet alleen kan de zoutbalans in het lichaam worden gereguleerd, maar ook mineralen en sporenelementen kunnen naar believen van het paard worden opgenomen. Dit be-tekent echter ook dat het niet mogelijk is precies te controleren hoeveel deze paarden binnenkrijgen, vooral wanneer meerdere paarden een liksteen met mineralen delen. Daarom is het beter als gericht mineraalvoer wordt gedoseerd. Het is belangrijk aandacht te besteden aan de juiste sporenelementen, zoals koper, jodium, kobalt, ijzer, selenium, zink en ook mangaan. Deze sporenelementen zijn van vitaal belang voor paarden, maar mogen niet in grote hoeveelheden worden gevoerd. Overdosering van sporenelementen kan fatale gevolgen hebben. Hetzelfde gebeurt met massale deficiëntieverschijnselen.

Als een paard lijdt aan een tekort aan sporenelementen, kan dit worden herkend aan de hoefhoorn die broos wordt en de vacht die ruwer wordt. In deze gevallen lijden de paarden aan een zinktekort. Een tekort aan selenium kan het immuunsysteem aantasten en een tekort aan jodium kan veranderingen in het skelet veroorzaken. Een tekort aan ijzer veroorzaakt bloedarmoede en verminderde prestaties, vergelijkbaar met het menselijk lichaam, en een tekort aan ijzer of kobalt kan leiden tot spijsverteringsproblemen.

Voordat met de dosering van mineraalvoer wordt begonnen, is het belangrijk te testen of een paard mogelijk een tekort heeft. Daar zijn verschillende methoden voor. Het probleem hier is dat niet elke dierenarts een dergelijke test uitvoert. Daarom worden paardeneigenaars vaak aan hun lot overgelaten. Als er een vermoeden is, kunnen bloed- of urinemonsters worden genomen. Een haaranalyse kan ook informatie verschaffen over mogelijke gebreksverschijnselen. Indien geen test kan worden uitgevoerd, kan een rantsoenberekening ook helpen. Hier wordt het voer geminimaliseerd om precies te weten te komen welke ingrediënten welke gevolgen teweegbrengen.

In principe is het ook praktisch om het hooi eenmaal per jaar te controleren op het gehalte aan koper, zink en selenium. Bijzondere aandacht moet worden besteed aan deze drie sporenelementen, aangezien zij de meest voorkomende oorzaak van tekorten zijn. Op basis van deze resultaten kan dan het geschikte minerale voeder worden gekozen. Dr. Petra Wolf van het departement diervoeding van de universiteit voor diergeneeskunde in Hannover onthult ook dat het niet uitmaakt of het mineraalvoeder in de vorm van pellets, briketten, poeder of vloeistof wordt gegeven. Het is alleen belangrijk dat het paard deze ingrediënten opneemt.

# Paarden traktaties - Achtergrondinformatie

Deze kruimelige restjes zijn het restant van een pakje dat niet zo snel leeg had mogen zijn als uiteindelijk het geval was. Eigenlijk had het pakje enkele weken moeten meegaan en niet slechts enkele dagen, per slot van rekening werd er vaak niet weinig geld aan dit pakje uitgegeven. Maar weinig ruiters kunnen weerstaan aan het voederen en belonen van hun trouwste vriend. Het niet belonen van dieren in het algemeen of ze overladen met traktaties is voor veel mensen moeilijk. Vooral omdat er geen richtlijnen zijn over hoeveel traktaties een positief effect hebben en wanneer de negatieve effecten beginnen. Dit komt omdat elk paard anders is en het daarom niet mogelijk is om op een uniforme manier te zeggen wat te veel is en welke soort traktaties het beste zijn.

Er moet rekening worden gehouden met een groot aantal factoren. Gewicht, eventuele diëten, intoleranties of allergieën kunnen een groot verschil maken. Daarnaast zijn er huidige problemen en eerdere ziektes. Het is daarom het beste om eerst een dierenarts te raadplegen, die een beter idee heeft van wat een paard wel en niet kan verdragen. Het hangt ook van de smaak af. Paarden kunnen behoorlijk koppig zijn en soms wordt een bijzonder duur pak traktaties gekocht om een paard te belonen, en weigert het paard het onverwacht. Wat smaken betreft, moet er veel worden uitgeprobeerd, maar zo gaat dat meestal met het voederen van een dier. Vooral kattenliefhebbers kunnen je hier het een en ander over vertellen. Iedereen moet zich dus aangemoedigd voelen om nieuwe recepten uit te proberen, ze te veranderen en vooral zijn eigen fantasie te volgen, want er kunnen altijd nieuwe recepten worden bedacht.

Wat de hoeveelheden betreft, is er ook hier veel trial and error. Het bakken zelf is een uitdaging, die meestal gebaseerd is op een exact recept, en als er ook maar één ingrediënt verkeerd is, valt het hele koekje uit elkaar of smaakt het niet goed. Recepten voor paardenlekkernijen zijn daarentegen niet gebaseerd op exacte specificaties, aangezien zij gewoonlijk uit zeer weinig ingrediënten bestaan; deze worden immers aan paarden gevoerd en niet aan een criticus in een gastronomisch restaurant. Toch vergt het bakken van traktaties meestal een paar pogingen, omdat er ingrediënten worden gebruikt die vaak uit de eigen tuin van het paard komen of tijdens een ritje zijn verzameld. Hier is het moeilijk te berekenen in exacte getallen. De grootte van de vruchten varieert en "een handvol" kan verschillende betekenissen hebben. Daarom is het maken van paardenlekkernijen zeker een proces van vallen en opstaan.

Bovendien wordt precies aangegeven hoeveel traktaties mogen worden gegeven en wanneer het te veel is. Het hangt allemaal van het paard af. Ook al zijn er maar een paar richtlijnen voor de hoeveelheden, toch zijn er een paar dingen waarmee rekening moet worden gehouden. Zo is het belonen van een paard, een hond en een kat niet zo verschillend. Positief gedrag kan worden beloond, maar ook de stimulans om te leren kan worden versterkt als er een traktatie wordt gevonden die het water in de mond doet lopen. Meer dan bij een hond of een kat moet bij een paard echter de ingrediëntenlijst worden bekeken. Zuivere suiker, bijvoorbeeld, is schadelijk voor een paard, zelfs in kleine hoeveelheden, maar paarden zelf denken daar meestal anders over. In kinderverhalen wordt bijvoorbeeld vaak gezegd dat paarden suikerklontjes krijgen als beloning of zelfs als tussendoortje. Dit komt omdat paarden de smaak van suiker erg lekker vinden. Maar net als bij honden, die vaak dol zijn op chocolade, is suiker ook niet goed voor paarden. In de hier vermelde recepten is het suikergehalte altijd facultatief. Honing of suikerbietensiroop kan worden gebruikt. Suiker in kleine hoeveelheden heeft geen directe gevolgen. Het kan de smaak verbeteren en zo paarden sterker maken voor training. Het is ook een eenvoudige vorm van beloning en erkenning, die de band tussen dier en ruiter kan versterken. Sommige paarden moeten echter een strikt dieet volgen. Suiker kan dus altijd uit recepten worden weggelaten, omdat andere ingrediënten als lijm kunnen worden gebruikt.

Dit vormt een zeer centraal probleem, omdat gekochte snacks en beloningen gewoonlijk een niet onaanzienlijke hoeveelheid suiker bevatten. Bovendien zien gekochte traktaties er ook altijd leuk uit. Dit is te wijten aan kleurstoffen en kunstmatige additieven die schadelijk kunnen zijn voor dieren in het algemeen en voor paarden in het bijzonder. Zelfs als op de verpakking staat dat de koekjes of traktaties zo gezond zijn, kan een ruiter nooit precies het fabricageproces volgen en kan hij er dus niet zeker van zijn wat er eigenlijk precies in de traktaties zit. Natuurlijk is het mogelijk om op de achterkant van de verpakking te kijken, aangezien fabrikanten daar altijd alle ingrediënten moeten vermelden, maar meestal geven deze lijsten weinig informatie over hoe gezond of ongezond het desbetreffende product nu is. Traktaties maken in je eigen keuken is dus een manier om ze onder controle te houden.

Eén vraag blijft echter: waarom tijd en geld besteden aan paardenlekkernijen als ook gewoon fruit en groenten kunnen worden gevoerd? Paarden houden van vers sap en daar horen wortels en appels bij. Als vers fruit of verse groenten worden gevoerd, hoeft men zich geen zorgen te maken over additieven. Dit zijn natuurlijke en graanvrije traktaties voor het paard, die niet alleen lekker smaken, maar ook veel vitaminen en mineralen, alsmede vezels bevatten. Gekochte of, nog beter, zelfgemaakte traktaties voor paarden zijn echter nog steeds geschikter, aangezien groenten en fruit natuurlijke fructose bevatten. In grote hoeveelheden kan zelfs deze natuurlijke suiker leiden tot problemen met de bloedsomloop. Dit is de reden waarom sommige paarden in de nazomer van weide moeten veranderen als er fruitbomen in de buurt staan. Bovendien brengen groenten en fruit niet alle additieven mee die een paard nodig heeft. Er zijn bepaalde ingrediënten die nog moeten worden toegevoegd, zoals ijzer, zink en koper. Deze zouden in een andere vorm moeten worden gevoerd, naast de groenten en het fruit. Daarom loont het de moeite om allerlei soorten fruit direct te verwerken tot traktaties, zodat het paard niet veel hapjes tegelijk hoeft te eten, maar slechts een paar.

Er is ook het nadeel dat vers geperst voedsel zeer snel kan bederven. Vooral op warme zomerdagen zijn een paar uur en soms zelfs minuten genoeg om fruit of groenten te laten bederven. Een gewoonte van ruiters is om traktaties in hun jaszak te dragen. Sapvoedsel verliest zijn vruchtensap bijzonder snel in de zomer, waardoor het hele jasje uiteindelijk kleverig wordt en vooral naar vruchtensap gaat ruiken, wat op zijn beurt vliegen en andere insecten aantrekt. Koekjes of talkpoeder zijn dus veel praktischer.

## DOE HET ZELF IN PLAATS VAN TE KOPEN

Lekkernijen zijn altijd het gezondst als ze zelf zijn gemaakt, niet omdat in de winkel gekochte snacks ongezond zijn, maar omdat je goed op de ingrediënten kunt letten. Natuurlijk staat er op de achterkant van elke verpakking een ingrediëntenlijst, aan de hand waarvan kan worden nagegaan wat er precies in de lekkernijen zit, maar deze lijsten bevatten vaak termen waar maar heel weinig mensen raad mee weten. Het is ook goedkoper om zelf te maken. Natuurlijk kost het veel meer tijd, maar het komt erop neer dat het een goedkope en leuke bezigheid kan zijn, vooral als je graag in de keuken staat of tijdens wandelingen kruiden raapt. Het alternatief van paarden traktaties is ook zeer geschikt voor allergieën.

Er zijn talloze recepten en ideeën te vinden op het internet en ook in geselecteerde receptenboeken, zoals dit boek, temeer daar ruiters op het internet ook informatie met elkaar kunnen uitwisselen, bijvoorbeeld over allergieën of intoleranties bij hun paarden.

Groenten en fruit zoals wortelen en appelen uit de eigen tuin zijn bijzonder geschikt, evenals kruiden die in bloeiende weiden te vinden zijn. Snacks kunnen ook worden verrijkt met hooi of tarwe. Sommige dingen moeten echter worden gekocht, zoals kruiden die in Duitsland niet of slechts in beperkte mate te vinden zijn, bananen die moeilijk in de eigen tuin kunnen worden geteeld, of bepaalde vormen van moes. Niettemin kunnen hier grotere hoeveelheden worden gekocht, aangezien deze lekkernijen langer houdbaar zijn als ze droog zijn. Ook hier kunnen dus kosten worden bespaard. Ook zijn sommige ingrediënten al in de voorraadkast te vinden zonder dat u ze eerst hoeft te kopen. Elk huishouden heeft waarschijnlijk tarwe- of speltmeel en havervlokken, hoewel deze ingrediënten met mate moeten worden gebruikt.

Bovendien weet de paardeneigenaar het best welke smaak zijn eigen paard het lekkerst vindt. De meeste paarden houden bijzonder van de smaak van vruchtensappen, sommige houden ook van sterke smaken die bijzonder irriterend zijn voor de mond en de slokdarm, waar de eetlust wordt gestimuleerd. Ten slotte is een ander groot voordeel dat zelfgemaakte traktaties veel langer meegaan. Zelfs met een hoog fruitgehalte kunnen zelfgemaakte snacks langer worden gedroogd. Als ze worden gekocht, zijn de traktaties niet direct zachter, maar veel van de ingrediënten gaan niet zo lang mee, omdat grote bedrijven niet altijd vertrouwen op natuurlijke producten, maar ze rekken met chemicaliën.

Men kan stellen dat zelfgemaakte traktaties het probleem hebben dat men niet op de verpakking kan kijken. De ruiter moet dus zelf beslissen wanneer de koekjes of taler lang genoeg droog zijn geweest en wanneer er nieuwe moeten worden gemaakt. Niettemin kan worden gezegd dat met zelfgemaakte traktaties voor paarden de kans dat ze gaan schimmelen of rotten aanzienlijk kleiner is, zelfs na een langere periode. Natuurlijk moet er wel op worden gelet dat ze niet nat worden of met andere stoffen in aanraking komen. Bovendien moet u letten op de hoogste kwaliteit, uw paard verdient tenslotte alleen het beste. Let bij het kopen van traktaties altijd op de reputatie van het bedrijf en welke ingrediënten er op de achterkant van de verpakking staan. Puur natuurlijke traktaties, gemaakt in uw eigen keuken zonder chemicaliën of kunstmatige toevoegingen, hebben sowieso de hoogste kwaliteitsstatus, omdat ze puur natuurlijk zijn gemaakt. Noch het uiterlijk is bepalend, noch hoe rommelig de keuken er na afloop uitziet. De kwaliteitsstatus is altijd het hoogst wanneer de koekjes en thalers zelfgemaakt zijn. Er kan dus worden gesteld dat het bereiden van traktaties voor paarden niet altijd gemakkelijk is en zeker tijdrovend, maar het is een lonende bezigheid wanneer het paard niet genoeg kan krijgen van de snacks. Het scherpt de band tussen mens en dier aan en kan ook heel leuk zijn. Niet iedereen is echter bijzonder begaafd in de omgang in de keuken, zelfs niet met verfijnde recepten. Dus hoe maak je precies paarden traktaties?

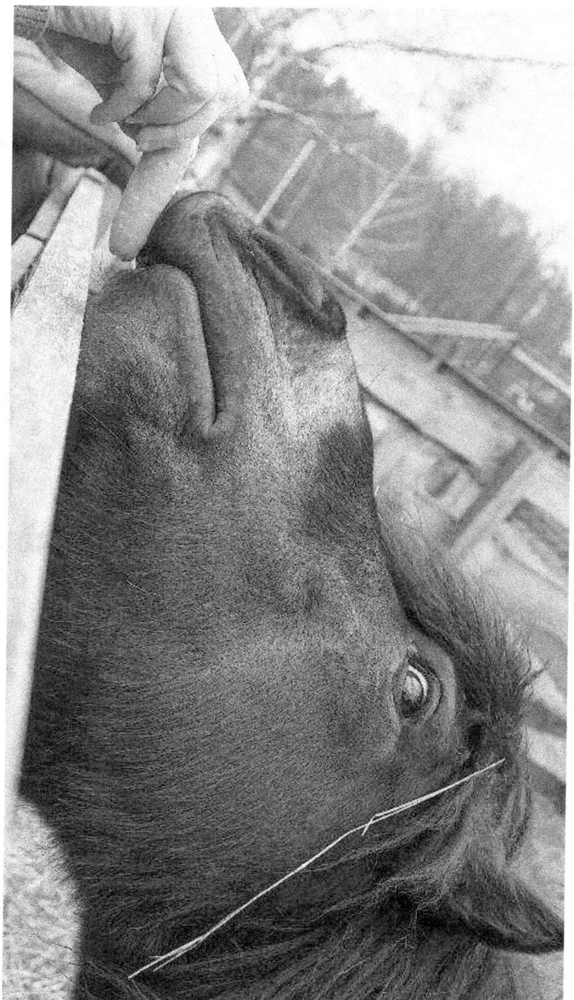

Illustratie: Onze zwarte pony houdt van wortels

# Zelf traktaties maken - de theorie

## NATUURLIJKE SAMENSTELLINGEN

Traktaties voor paarden zijn meestal eenvoudige koekjes, biscuitjes of zelfs cakejes. Zij verschillen echter sterk van de koekjes die 's middags door ruiters worden gegeten bij het koffiedrinken, hoewel alle paardenkoekjes ook door mensen kunnen worden gegeten. In de meeste gevallen zijn ze veganistisch, smaken ze bijzonder goed met fruit en zijn ze ook heel gezond, ook al zijn sommige van deze snacks natuurlijk ontworpen voor de kaaksterkte van een paard en zijn ze daarom voor mensen moeilijk te kauwen. Dus zelfs een ruiter kan van tijd tot tijd op deze lekkernijen knabbelen. Toch is de structuur anders en meestal zijn paardenkoekjes ook veel gemakkelijker te maken dan voor mensen bestemde baksels. U hoeft geen eiwitten of chocolade ingewikkeld op te kloppen of te tempereren en u hoeft er niet voor te zorgen dat de ovendeur af en toe wordt geopend tijdens het bakproces. Het bakken van paardenlekkernijen is dus geconcentreerd op ruiters die geen meesterbakker zijn. Het is ook geschikt voor kinderen die, samen met hun ouders, nog niet veel ervaring in de keuken hebben.

Voordat we beginnen met het bakken van paardenlekkernijen, moet van het begin af aan gezegd worden dat paarden niet met "echte" koekjes gevoerd mogen worden. "Echte" koekjes, die welke voor ons mensen bestemd zijn, bestaan uit een heleboel chemicaliën, een behoorlijke hoeveelheid suiker en bakmeel, die de maag van het paard moeilijk kan verteren. Daarnaast wordt zuiveringszout of bakpoeder gebruikt. Baking soda staat erom bekend winderigheid en dus koliek bij paarden te veroorzaken. Eieren zijn ook niet goed voor de maag van een paard, en zeker niet voor glazuur of botercrème. Ook van gebak moet men afblijven, ook al zouden paarden zeker van de smaak houden, maar het kan tot ernstige vergiftiging leiden.

In plaats daarvan worden paardenkoekjes gemaakt met een veel natuurlijker samenstelling. Daarom zijn veel van de hier vermelde recepten ook veganistisch, omdat dit het gezondste en vooral meest natuurlijke alternatief is; het natuurlijke dieet van wilde paarden is immers ook veganistisch. In plaats van te werken met een basisdeeg, zoals bladerdeeg of een gekocht koekjesdeeg, zijn de basisingrediënten van paardenkoekjes en zelfs paardenkoeken havervlokken of gierstvlokken. In zeldzame gevallen wordt ook volkorenmeel gebruikt, en als u het echt te bont wilt maken, kunt u ook met een grote verscheidenheid aan noten werken en die tot een deeg vermalen.

Aan deze basisingrediënten worden nu kruiden, vruchten of planten toegevoegd. Hier kan aandacht worden besteed aan wat het paard bijzonder graag eet, aangezien paarden ook hun eigen smaak kunnen ontwikkelen. Een andere mogelijkheid is aandacht te besteden aan wat het dier in het bijzonder nodig heeft. Sommige paarden lijden aan een ijzertekort omdat ze net een slopende ziekte achter de rug hebben, andere hebben van nature een laag vitaminegehalte of een zwak immuunsysteem. Natuurlijk kan het hoofdvoer ook worden verrijkt met mineralen of vitaminen in poedervorm, maar in de meeste gevallen gaat het om een chemische stof. Door de juiste keuze van vruchten en kruiden kan op een veel natuurlijker manier hulp worden geboden, ook al mogen medicijnen nooit worden verwaarloosd voor een handvol vruchten. Fruit heeft overigens ook een hoog fructosegehalte en is daarom niet voor alle paarden geschikt. Ook kan een hoge dosis van de meeste kruiden leiden tot vergiftiging in plaats van positieve effecten. Dus kleine hoeveelheden kunnen in kleine stapjes helpen, maar het is nog steeds maar een tussendoortje, een kleinigheidje. Het gaat meer om de smaak en de band tussen paard en ruiter dan om het maken van nuttige medicijnen in je eigen keuken.

Om vruchten en kruiden samen met de vlokken of noten een deeg te laten vormen, is echter ook een lijm nodig. In het geval van gebak wordt dit meestal gedaan met eieren of een niet bepaald kleine hoeveelheid olie en boter. Dit alles is echter onverteerbaar voor paarden en mag dus niet worden gebruikt. Zelfs indien de voeding van paarden hoofdzakelijk veganistisch is, is er niets tegen een kleine scheut melk, bijvoorbeeld. Elke vorm van siroop kan worden gebruikt als natuurlijke lijm. Zowel honing als bietensiroop zijn geschikt. Als deze alternatieven echter te veel suiker bevatten, kunnen ook lijnzaad of chiazaad worden gebruikt. Deze moeten echter van tevoren worden geactiveerd: De zaden moeten in een kom met water worden gelegd, zodat ze kunnen weken en slijmerig worden. Met deze consistentie kunnen traktaties bij elkaar gehouden worden. Alternatieven en procedures zijn te vinden in de recepten.

Voor de traktaties voor paarden wordt daarom aandacht besteed aan een bijzonder natuurlijke samenstelling. We werken ook met ingrediënten die veel mensen in hun voorraadkast of in de tuin hebben. Tijdens een rit kunnen ook veel planten worden verzameld, die later kunnen worden gerecycleerd. Er zijn geen grenzen aan de fantasie als het gaat om paardenkoekjes, maar iedere ruiter moet weten welke planten kunnen worden gebruikt en welke moeten worden vermeden.

# VOORDELEN VAN KRUIDEN EN PLANTEN

Kruiden of geneeskrachtige kruiden en bepaalde planten maken al vele millennia deel uit van een gezonde voeding voor paarden, maar de planten van vandaag zijn niet meer wat ze ooit waren. Paardeneigenaars staan dus voor grote uitdagingen wanneer het erop aankomt hun lievelingen een gezonde aanvulling op hun voeder te geven. In de wereld van vandaag is het niet ongewoon dat zelfs in grote weiden monoculturen en dus verontreinigende stoffen worden aangetroffen, waardoor zelfs de meest natuurlijke voeding schadelijk kan worden. Het is dus moeilijk om de juiste planten te vinden en vooral de planten die gezond zijn voor het dier. Er wordt dan ook steeds vaker een beroep gedaan op synthetische supplementen. Deze zijn ook kunstmatig, maar hier hoeft men niet het risico te lopen dat het paard ziek wordt door verontreinigende stoffen uit de lucht die langzaam in de grond sijpelen en door de natuurlijke planten lopen.

Hoewel daarom voorzichtigheid geboden is, zijn er in de natuur nog natuurlijke en bijzonder belangrijke hulpmiddelen te vinden. Bovendien moet worden gezegd dat het plukken van planten en kruiden of zelfs het bereiden van gekochte kruiden veel plezier kan brengen. Wie een speciale band met een paard heeft opgebouwd, kan zelfs de kruiden uit eigen tuin gebruiken.

Toch moet er voor sommige dingen gezorgd worden. Wilde paarden hebben niemand om voor hen te zorgen. Ze eten wat in het wild groeit, maar in tegenstelling tot mensen weten paarden precies waar ze van af moeten blijven. Dus zelfs als wilde paarden afhankelijk zijn van bessen, bloemen, kruiden en zelfs boomschors, moet een paardeneigenaar zorgvuldiger kijken. Speciale aandacht moet worden besteed aan welke kruiden en planten met elkaar worden gecombineerd, want er zijn zeker combinaties waarbij complicaties kunnen optreden. Ofwel verliezen de afzonderlijke kruiden hun werking en helpen ze niet waar ze zouden moeten, ofwel kunnen er negatieve effecten optreden. Hetzelfde gebeurt met hoge doseringen. Daarom moet hier uitdrukkelijk worden gesteld dat de toevoeging van kruiden aan de maaltijd van het dier slechts een aanvulling is, die met mate moet worden gebruikt. Ook kunnen kruiden geen medische zorg vervangen, ook al kunnen sommige van deze kruiden zeker worden gecategoriseerd als "geneeskrachtige kruiden". De medicatie mag dus niet worden verminderd ondanks de natuurlijke inname van planten en kruiden. Alvorens met kruiden te werken, moet een dierenarts dus naar het paard kijken en zich ervan vergewissen dat alles in orde is. De dierenarts kan dan ook bepaalde afzonderlijke kruiden afraden.

Kruiden bevatten zeer specifieke ingrediënten die zeer belangrijk zijn voor de maag van het paard en die niet zomaar door synthetische middelen kunnen worden vervangen. Zo brengen kruiden een bijzonder groot aantal voedingsstoffen met zich mee die anders zouden moeten worden aangevuld. De meeste kruiden zijn rijk aan zogenaamde "secundaire plantaardige stoffen", zoals flavonoïden en onder andere carotenoïden. Deze hebben een antioxiderende werking en beschermen het lichaam dienovereenkomstig tegen oxidatieve stress of gasophoping, wat bij paarden bijzonder vaak kan voorkomen. Paarden die in het wild ziek zijn geworden, zoeken ook naar essentiële oliën die in sommige kruiden te vinden zijn. Deze hebben een ontstekingsremmend effect en zijn ook antibacterieel. De meeste plantaardige voedingsmiddelen bevatten ook bitterstoffen, die een bijzonder ontgiftende werking hebben. Bovendien kunnen ze worden gebruikt om de spijsvertering en de vorming van lichaamseigen vocht te stimuleren als er uitdroging heeft plaatsgevonden.

Tenslotte zijn tannines bijzonder belangrijk voor het spijsverteringskanaal van dieren. Zij hebben ook een ontstekingsremmende werking, maar meer nog wordt de afbraak van weefsel geremd, waardoor zware metalen en toxines uit het lichaam kunnen worden gezogen of gebonden. Tannines behoren dus niet alleen tot de belangrijkste, maar ook tot de gezondste bestanddelen die in planten van allerlei soort kunnen worden aangetroffen.

De bekendste kruiden en planten, met hun werking, worden hier opgesomd en beschreven, zodat een combinatie met positieve effecten voor een paard kan worden gevonden.

**Berk**

Hoewel dit geen klassiek kruid is, kunnen de bladeren en de schors van deze boom een paard een goede ondersteuning bieden. De actieve bestanddelen in de berk kunnen de nieractiviteit stimuleren, omdat ze bijzonder diuretisch zijn. De nieren zijn er verantwoordelijk voor dat het lichaam zichzelf kan ontgiften. Dit betekent dus dat door toevoeging van de actieve bestanddelen die in een berkenboom worden aangetroffen, de lichaamseigen ontgiftingsfuncties kunnen worden ondersteund. Er zij echter op gewezen dat berkenbladeren alleen als kuur en dus tijdelijk mogen worden gebruikt. Het probleem hier is dat berkenbladeren niet bepaald in staat zijn om weinig water aan het lichaam te onttrekken.

De verschillende delen van de berk kunnen dus gebruikt worden als middel tegen ontstekingsziekten, maar ook om de nieren te versterken.

## Brandnetel

Bijzonder onaangenaam voor de mens en als hinderlijk in de tuin beschouwd, kunnen paarden vaak geen genoeg krijgen van gedroogde brandnetelbladeren. Terwijl de bladeren veel mineralen en voedingsstoffen bevatten, bevatten de vruchten vooral veel vitaminen. De brandnetel bewaart dan ook grote hoeveelheden vitamine A, C en E, maar ook magnesium, ijzer, kalium en calcium. Deze stimuleren de vorming van rode bloedcellen in het lichaam van het paard en brengen ook het spijsverteringskanaal op gang.

Als je brandnetels wilt plukken, moet je handschoenen dragen. Zelfs als de onderkant van de bladeren niet brandt, zitten er brandharen aan het oppervlak die tot lelijke uitslag kunnen leiden. Als u de plant verder wilt verwerken, moet u ofwel jonge planten gebruiken die nog niet de fijne brandharen hebben, ofwel handschoenen dragen en de oudere planten bijzonder lang laten drogen. Dan kunnen ze niet alleen worden verwerkt tot traktaties en thee, maar ook worden gemengd in hooi.

## Echinacea

Echinacea is beter bekend als "rode zonnehoed" en komt eigenlijk uit Amerika. Intussen is hij echter ook hier te vinden en heeft hij, net als de brandnetel, een ontstekingsremmende werking. Het heeft een bijzonder sterk afweersysteem, waardoor het het immuunsysteem versterkt en ook infecties kan verlichten. Deze plant is ook bijzonder goed voor paarden met allergieën. De rode zonnehoed werkt dus niet alleen ontzurend, maar heeft ook het potentieel om allergenen te verlagen. Gewoonlijk wordt het hele kruid gebruikt, d.w.z. zowel de stengel als de bloemen en de bladeren.

Echinacea is een echt wondermiddel voor paarden met een verzwakt immuunsysteem en kan vooral worden gebruikt bij paarden die lijden aan ademhalingsproblemen. Het is een van de meest voorgeschreven geneeskrachtige planten. Aangezien de afweercellen worden versterkt, kunnen paarden door het innemen ervan worden beschermd tegen virussen en bacteriën.

**Venkel**

Net als bij mensen kan venkel helpen wanneer paarden verkouden worden. Venkel wordt daarom gebruikt wanneer de luchtwegen slijmerig zijn. Dit kruid levert ook veel verschillende ingrediënten die bijzonder versterkend zijn voor een paard, zoals vette oliën, essentiële oliën en vooral flavonoïden. Bovendien kan venkel ook worden gebruikt wanneer paarden last hebben van krampen, winderigheid of ernstige spijsverteringsstoornissen.

**Rozenbottel**

Met zijn typische rode bessen staat de rozenbottel bekend om een verscheidenheid aan vitaminen. Het levert vitamine A, B-vitamines, vitamine E en vitamine K1 en er zijn ook carotenoïden in te vinden. Als u de vacht van het paard ook wilt versterken met vruchten en vetzuren, moet u de zaden in de vrucht fijnmalen. Dit kan de vacht een speciale glans geven. Natuurlijk kunnen de bessen ook in hun geheel worden gevoerd, maar dan kunnen de vetzuren niet verder worden benut.

Als je rozenbottels regelmatig voert en door het dagelijkse voer van je paard mengt, zul je na verloop van tijd ook een betere hoefgroei merken. Dit gebeurt omdat er een betere doorbloeding is onder de hoefkern en ook de celstofwisseling wordt gestimuleerd, omdat de rozenbottel overtuigt met zijn aanwezige antioxidanten, die het membraan van de rode bloedcellen in het paardenlichaam beschermen.

### Kamille

Deze kleine bloem is van mei tot september te herkennen aan haar unieke geur. Het is een van de belangrijkste natuurlijke voedingsmiddelen van paarden, omdat het graag groeit op akkers en braakliggende grond, maar ook in weilanden.

Net als venkel, helpt kamille zowel mensen als paarden tijdens het koude seizoen. Bovendien bevat het veel belangrijke essentiële oliën en vooral slijmstoffen die kunnen helpen bij de ademhaling van een paard. Kamille heeft ook een bijzonder kalmerende werking. Het kan de door ontstekingen veroorzaakte pijn verlichten en ook krampen verlichten. In het algemeen kan kamille helpen bij de nerveuze rusteloosheid waar sommige paarden last van hebben. Het kan winderigheid verlichten, die vaak voorkomt bij paarden als gevolg van nervositeit, evenals maag- en darmklachten.

### Lijnzaad

Vlaszaad, gewonnen uit de vrucht van de vlasplant, kan nu een echt supervoedsel worden genoemd dankzij zijn slijmstoffen en vetzuren. Deze plant is echter niet gemakkelijk te vinden. Het wordt zelden in de natuur aangetroffen, omdat vlas meestal speciaal wordt geplant. Niettemin bewijzen de vele ingrediënten dat zij maag-darmproblemen en vooral ontstekingen in de buikstreek kunnen verlichten. De zaden versterken ook het immuunsysteem op een positieve manier.

Bovendien vindt u, als u kant-en-klare voedermengsels koopt bij geselecteerde detailhandelaars, meestal lijnzaad in de lijst van ingrediënten, aangezien het nu wordt beschouwd als een natuurlijke aanvulling op de voeding.

## Paardebloem

De paardenbloem is bijzonder populair bij kleine kinderen en is ook bijzonder opvallend. Het loont dus de moeite om er met uw eigen kinderen of nichtjes en neefjes op uit te trekken en massa's van deze bloemetjes te verzamelen, die in het voorjaar overal verschijnen waar gras te vinden is. Het is echter belangrijk op te merken dat niet elk paard de smaak van verse paardenbloemen lekker vindt, omdat ze rijk zijn aan slijmstoffen en bittere stoffen. De verse bloem en de kleverige stengel kunnen dan ook bitter smaken. Als u een paar weken later wilt foerageren, vanaf mei, kunt u de planten drogen en ze vervolgens het hele jaar door voederen.

Bij een evenwichtig en vrij overvloedig gebruik kan de paardenbloem het immuunsysteem versterken, maar bovenal heeft de kleine bloem een diuretische werking. Spijsverteringsproblemen kunnen worden overwonnen, omdat de vele bittere stoffen in de paardenbloem de afscheiding van maag- en darmsappen stimuleren, met als gevolg een ontgiftende werking en, uiteraard, een gestimuleerde uitscheiding van de ontlasting.

## Mariadistel

Deze mooie distel, die vaak meer dan een meter hoog wordt, is te vinden aan zijn paarse bloemen. Binnenin de bloem bevinden zich de zaden, die natuurlijke silymarine bevatten. Dit beschermt, versterkt en ontgift de lever. Het stimuleert ook de galstroom. Voor paarden die lijden aan stofwisselingsproblemen kan mariadistel als kuur worden gebruikt, omdat het leidt tot een snelle ontgifting van de gal, milt en lever. Permanent gebruik moet echter worden vermeden, omdat deze ontgifting het lichaam veel belangrijke voedingsstoffen en ook wat water ontneemt.

Niettemin bevat Mariadistel ook veel belangrijke ingrediënten wanneer het hele kruid wordt gebruikt en niet alleen de vrucht. Naast de natuurlijke sylmarine bevat de plant vette olie, looistoffen, bitterstoffen, eiwitten, thiamine, biogene aminen, histamine en agmatine. Mariadistel wordt echter gemeden door wilde paarden omdat de bloem grote doornen heeft.

## Mint

Munt bevat niet zo veel vitaminen en voedingsstoffen, maar is nog steeds een populaire toevoeging aan voer omdat niet alleen mensen van het aroma genieten, maar ook paarden. Naast de smaak overtuigt munt met essentiële oliën. Op die manier kunnen voedermengsels beter verteerbaar worden gemaakt en bovendien kalmeert munt de darmen en de maag. Als u munt als traktatie wilt geven, kunt u het kruid vers voeren. Wie een langer effect verkiest, moet de plant lang laten drogen. Vanwege de essentiële oliën die het bevat, kost dit wat tijd.

## Sage

De viltige bladeren van salie bevatten niet alleen etherische oliën, maar ook looi- en bitterstoffen, flavonoïden en steroïden. In combinatie kunnen deze ingrediënten niet alleen een antibacteriële werking hebben, maar ook de afscheiding bevorderen. Ze helpen ook bij ontstekingen en de pijn die daarmee gepaard gaat. Als je graag lange en inspannende tochten met je paard maakt, kun je ook saliebladeren gebruiken om de zweetklieren van het paard een beetje af te remmen, maar wees voorzichtig. Paarden koelen zich via hun huid door te zweten. Aangezien zij een dichte vacht hebben, is dit niet gemakkelijk: een te hoge dosis salie zou dus kunnen leiden tot oververhitting of complicaties bij het zweten. Daarom moet salie met mate worden gebruikt.

Als u niet vaak lange ritten maakt, kunt u ook verse of gedroogde salie gebruiken als paarden lijden aan chronische aandoeningen van de luchtwegen die niet besmettelijk zijn. Salie kan ook een echte weldaad zijn voor paarden met ontsteking van de slijmvliezen.

**Duizendblad**

Duizendblad wordt door tuinbezitters meestal als hinderlijk beschouwd, omdat het tot het onkruid behoort, maar het valt niet te ontkennen dat deze plant voor een groot deel bestaat uit etherische oliën, die niet alleen een krampstillend, maar ook een ontstekingsremmend effect op paarden hebben.

Het hele kruid kan worden gebruikt, maar de wortel moet worden vermeden. Vooral bij paarden die door ziekte minder eten of door nervositeit geen honger hebben, kan het kruid wonderen doen. Het moet echter spaarzaam worden gebruikt omdat direct huidcontact irritatie kan veroorzaken, niet alleen bij mensen maar ook bij paarden. Daarom moeten handschoenen worden gedragen bij het plukken en moet de plant worden gedroogd voordat hij aan het paard wordt gevoerd, zodat het huidirriterende effect verdwijnt.

## Ribwort

Ribwort groeit overal waar gras groeit. Het kruid, dat nauwelijks van gras te onderscheiden is, is dan ook te vinden aan de randen van bossen en in weilanden. De wortels en de bladeren zijn bijzonder geschikt voor verdere verwerking. Het is beter om van de bloemen af te blijven.

Niet alleen bevat ribkruid veel slijmstoffen die kunnen helpen bij ademhalingsproblemen, maar het is ook rijk aan minerale zouten. Ribwort weegbree heeft dus een slijmoplossende werking. De zeer speciale smaak kan ook een kreupel en eetlustloos paard tot eten aanzetten, vergelijkbaar met munt.

## Duivelsklauw

Duivelsklauw wordt door de meeste dieren en mensen zeer goed verdragen. Het is een geneeskrachtige plant en is dus ook geschikt voor langdurige of permanente consumptie. De smaak is buitengewoon, want de bloemen bevatten niet alleen bitterstoffen en flavonoïden, maar ook kaneelzuren. In combinatie hebben de ingrediënten niet alleen een ontstekingsremmend effect, maar ook een pijnstillende werking. Ze hebben ook een zeer positief effect op de spijsvertering van het paard.

Duivelsklauw wordt altijd gebruikt bij paarden die lijden aan spijsverteringsproblemen of spierziekten. Bovendien helpt het vooral bij artrose of bij pees- en gewrichtsproblemen.

## Tijm

De geurige tijm hoort thuis in elke kruidenverzameling in de keuken. Niet alleen verrijkt het menselijke voedsel met een unieke smaak, maar het voorziet mensen en paarden ook van zeer belangrijke essentiële oliën die kunnen helpen bij ademhalingsproblemen en verkoudheid. Sommige paarden lijden bijvoorbeeld aan chronische hoest en krijgen van dierenartsen een thee op basis van tijm voorgeschreven. Er moet echter op worden gelet dat tijm slechts in kleine hoeveelheden aan het hoofdvoer wordt toegevoegd, omdat etherische oliën weliswaar ontgiftend werken en dus helpen bij de ademhaling, maar maag en darmen er meer door kunnen worden geïrriteerd. Daarom moet tijm ofwel spaarzaam worden gebruikt, ofwel op een geneesmiddel worden teruggegrepen.

## Walnoot

Allereerst moet worden opgemerkt dat paarden niet met walnoten mogen worden gevoederd en als dat toch gebeurt, dan alleen in zeer kleine hoeveelheden, bijvoorbeeld in de vorm van traktaties. Anderzijds helpen de bladeren van de walnootboom bij ontstekingen, vooral in de maag en het darmslijmvlies.

Walnootbladeren bevatten tannines en bitterstoffen, maar ook flavonoïden en zowel etherische als vette oliën. Bovendien is er een bijzonder hoge concentratie vitamine C. Dit betekent dat de bladeren ook gedroogd of vers door het eigenlijke voer kunnen worden gemengd als er sprake is van een wormbesmetting, leveraandoeningen of ontsteking van de lymfeklieren. Bovendien reinigen de bladeren de bloedsomloop en stimuleren of bouwen ze de stofwisseling op.

## Meidoorn

De bessen en bladeren van de meidoorn zijn vooral populair bij oudere paarden die een slechte bloedsomloop hebben of ondersteuning van hun cardiovasculaire systeem nodig hebben. De meidoorn is bijzonder rijk aan secundaire plantaardige stoffen en bevat dan ook veel flavonoïden en tannines. Maar meidoorn kan ook jonge dieren helpen. Voorzichtigheid is echter geboden met de bladeren, want die kunnen soms wat stekelig zijn. Omdat meidoorn de stofwisseling stimuleert, kan het ook leiden tot overdosering en vochtuitscheiding.

Wat de verschillende kruiden betreft, hebben sommige een zogenaamde aflossingsvrije periode. Dit betekent dat sommige van deze kruiden en planten als drugs of doping kunnen worden beschouwd als een paard wil meedoen aan wedstrijden. Het is nog steeds mogelijk aan toernooien en wedstrijden deel te nemen, maar de ruiters moeten vooraf bij de Duitse ruitersportbond navraag doen over het voeren van kruiden, aangezien deze onder de antidoping- en dopingcontrolevoorschriften vallen. Als sommige van de gebruikte kruiden onder deze regels vallen, moet een respijtperiode in acht worden genomen. Dit betekent dat het paard gedurende een bepaalde periode niet met deze kruiden en planten mag worden gevoed, zodat ze volledig uit de circulatie zijn verdwenen voordat het aan de wedstrijd deelneemt.

## WAT TE DOEN ZONDER

Het maagdarmstelsel van een paard is niet alleen complex, maar ook bijzonder gevoelig. Daarom kunnen er zeer snel problemen ontstaan, vooral als het verkeerde voedsel wordt gegeven. Winderigheid en kolieken, maar ook veel ergere bijwerkingen kunnen voorkomen. Maar hoe moet de ruiter weten welke voedingsmiddelen hij zijn paard echt mag geven en welke niet? In principe hangt het altijd van het individu af, maar net als bij honden en katten is er in de loop der tijd een niet bepaald korte lijst van voedingsmiddelen en planten ontstaan waar paarden en hun berijders van weg moeten blijven.

Bovenaan de lijst staan citrusvruchten. Deze omvatten ananas, sinaasappelen, grapefruit en citroenen. Zuurheid wordt door de maag van het paard niet verdragen, vooral omdat de meeste citrusvruchten moeten worden geïmporteerd en moeilijk in de eigen tuin te kweken of in bossen te vinden zijn. Dit betekent dat citrusvruchten niet alleen de maag van het paard bederven, maar ook geen deel uitmaken van het voor de soort geschikte paardenvoer. Ze bevatten een bijzonder hoog fructosegehalte en vooral veel zuur. Fructose is ook te vinden in gewoon fruit en soms zelfs in groenten, maar is niet zo sterk geconcentreerd. Het probleem is dat paarden de zure smaak erg lekker vinden en er echt door aangetrokken worden.

Het tweede onderwerp op het gebied van fruit is steenfruit. Dit omvat kersen, pruimen, perziken en abrikozen, maar ook vele andere soorten fruit. In feite schuilt het gevaar hier niet in de onverteerbare pit, maar in het feit dat steenvruchten kunnen gisten in de maag van het paard. Dit brengt de spijsvertering uit balans. Dit leidt onder andere tot zeer gevaarlijke kolieken. De steen zelf bevat, als hij door de maag van een sterk paard kan worden verteerd, ook amygdaline, dat in de darm verandert in het uiterst giftige blauwzuur. Dit kan leiden tot ernstige vergiftigingsverschijnselen. Bovendien bevat steenvrucht ook een niet bepaald geringe hoeveelheid fructose. Helaas bevinden paardenweiden zich vaak in weideboomgaarden. Paardenbezitters moeten hier bijzonder voorzichtig zijn en de paarden in de oogsttijd op stal houden, omdat de afgevallen vruchten anders ongezien van de grond worden gegeten. Bovendien trekt steenfruit wespen aan, en een wespensteek is voor een paard een veel onaangenamer en ernstiger gevaar dan voor de mens.

Nachtschade en kruisbloemige planten staan ook zeer hoog op de lijst. Tot de nachtschadefamilie behoren paprika's, tomaten, aubergines en ook aardappelen. Deze planten hebben een nogal bittere nasmaak die paarden niet lekker vinden, en daarom vermijden zij nachtschadeplanten in het wild. De verse bladeren en stengels daarentegen zijn zeer verleidelijk voor een paard, waardoor het toch in de verleiding zou kunnen komen. Dit zijn ook de giftigste delen van deze planten, omdat ze chemische verbindingen bevatten zoals alkaloïden of atropine. Deze chemische verbindingen kunnen een negatieve invloed hebben op het autonome zenuwstelsel. De vergiftigingsverschijnselen uiten zich ook in ernstige stuiptrekkingen, die in noodgevallen tot de dood kunnen leiden.

De kruisbloemigen daarentegen omvatten planten die in het paardenlichaam, evenals in het menselijk lichaam, een verscheidenheid van gassen kunnen produceren. Hiertoe behoren bloemkool, spruitjes en gewone kool, alsmede broccoli. Ernstige winderigheid leidt op haar beurt tot even ernstige koliek, reden waarom bij het voederen van een paard geen verschillende groenten mogen worden gebruikt.

Ongelooflijk maar waar: sommige paardeneigenaars voederen hun paarden met avocado's en dat is allesbehalve goed. Avocado's zijn zeer giftig, niet alleen voor paarden maar ook voor een hele reeks andere dieren. Binnen de vergiftiging komen ademhalingsmoeilijkheden en ook kolieken voor, die net als kruisbloemige groenten tot de dood kunnen leiden. Bovendien zijn avocado's erg duur en kunnen zij in Duitsland niet worden geteeld en dus ook niet in de eigen tuin. Zij dienen derhalve uitsluitend voor menselijke consumptie te worden gebruikt.

Gember moet ook vermeden worden. Wat de ingrediënten betreft, is gember waarschijnlijk de groente die het minst schadelijk is. In grote hoeveelheden wordt in gemberbouillon vaak de schimmel "aflatoxine" aangetroffen, die o.a. de nieren en de lever kan beschadigen, maar bij kleine hoeveelheden is er geen probleem. In plaats daarvan, is gember veel te pittig voor een paard. Dit kan leiden tot spijsverteringsproblemen en soms ook tot kortademigheid.

Net als grote hoeveelheden gember, kunnen grote hoeveelheden rabarber nierfalen veroorzaken.

Chocolade daarentegen mag aan geen enkel dier worden gegeven. Dit is al bekend voor honden en katten, maar ook paarden kunnen gevoelig reageren op theobromine, dat in chocolade zit. Wij mensen hebben geen problemen met dit ingrediënt omdat wij een grote hoeveelheid enzymen hebben die theobromine in het lichaam kunnen afbreken. Bij dieren ontbreken deze enzymen echter. Daarom is niet alleen chocolade schadelijk, maar ook niet kleine hoeveelheden cacao. Deze kunnen zelfs fataal zijn. Wie een paard aan een toernooi laat deelnemen, moet niet alleen chocolade vermijden vanwege de gevolgen voor de gezondheid, maar ook omdat zelfs kleine hoeveelheden een effect kunnen hebben op de dopingtest, die dan positief uitvalt. Hoewel er alleen negatieve bijwerkingen zijn en geen positieve die zouden kunnen helpen bij een wedstrijd, zou het paard toch niet tot het toernooi worden toegelaten.

Bovendien moeten zuivelproducten worden vermeden, aangezien volwassen paarden lactose niet kunnen verteren. Dit is anders voor jonge paarden of pasgeborenen. Zij kunnen zuivelproducten verteren, maar zij verliezen deze gewoonte op volwassen leeftijd. Conventionele zuivelproducten, zoals in de winkel gekochte melk of yoghurt, kunnen aanhoudende diarree veroorzaken. Hetzelfde geldt voor kaasproducten.

Aan het begin van dit boek werd reeds uitgelegd dat suiker moet worden vermeden, maar dit is niet altijd gemakkelijk. Honing, stroop of melasse, bijvoorbeeld, worden gebruikt als lijm zodat de kruimelige lekkernijen niet uit elkaar vallen. Zoetstof is bijzonder geschikt voor dit doel, maar deze extra suiker is niet absoluut noodzakelijk. Lijnzaad, zemelen en zelfs chiazaad kunnen als lijm worden gebruikt en zijn ook veel beter voor de spijsvertering. Als je deze alternatieve lijm gebruikt, zorg er dan voor dat je voldoende water toevoegt. Zaden kunnen alleen als lijm worden gebruikt als ze met water opzwellen.

Aangezien paarden hun voedsel uitgebreid kauwen, is het belangrijk dat fruit en groenten niet in kleine stukjes worden gesneden. De hapklare brokjes zijn te klein om echt op te kauwen en worden door paarden gewoon opgeslokt. Hierdoor bestaat het risico dat deze hapjes in de slokdarm blijven steken, of dat een faryngeale verstopping ontstaat. Op deze momenten moet een dierenarts worden ingeschakeld om dit vermijdbare probleem uit de wereld te helpen. De traktaties zelf hoeven niet veel groter gebakken te worden. De grootte van gesneden groenten en fruit en van traktaties voor paarden lijkt op elkaar, maar de gebakken of gepureerde traktaties zijn veel droger en kunnen niet worden doorgeslikt zonder uitgebreid te kauwen. Natuurlijke insalivatie wordt daarom aangemoedigd.

Over groenten en fruit moet ook worden gezegd dat geen van beide even gezond zijn voor een paard als voor de mens. Zelfs in geval van ernstige ziekte kan de mens nog steeds vertrouwen op een duurzaam fruit- en groentedieet. Dit is niet het geval bij paarden. Zo kunnen paarden bijvoorbeeld hoefbevangenheid, EMS en de ziekte van Cushing krijgen of ziekten ontwikkelen die verband houden met de stofwisseling. Deze problemen komen vrij vaak voor en in deze gevallen moet het voederen met groenten en fruit zo veel mogelijk worden vermeden.

Met name granen mogen slechts in kleine hoeveelheden worden gebruikt, omdat grote hoeveelheden granen kunnen leiden tot gasophopingen in het paardenlichaam en dus tot kolieken en winderigheid, omdat de gluten slechts slecht kunnen worden verteerd in de darm van het paard.

Naast deze veel voorkomende planten en voedingsmiddelen, zijn er ook enkele planten die bijzonder giftig zijn voor een paard, maar niet zo vaak voorkomen. De meeste van deze planten veroorzaken zeer snel de dood en hebben vergelijkbare bijwerkingen. Aangezien deze planten niet vaak worden aangetroffen, zal hier slechts een kleine lijst worden gegeven. De volgende planten kunnen tot vergiftiging leiden:

- Adonis, buxus, anemoon, monnikskap, varen, vooral varens, vingerhoedskruid, gevlekte scheerling, grauwe klaver, goudenregen, saffraan, levensboom, ook "thuja" genoemd, liguster, vooral ligusterbessen, oleander, kardinaalsmuts, rododendron, moeraspaardenstaart, dodelijke nachtschade (ook dodelijk voor mensen in grote hoeveelheden).

# Zelf traktaties maken - de praktijk

## INHOUDSOPGAVE VAN DE RECEPTEN


**Fruitige dagelijkse traktaties 49**

Fruitige Kamille Koekjes 49
Bieten koekjes 51
Anijs rode bieten koekjes 52
Rode bieten koekjes met Reishi 52
Fruitige Crunchies 54
CANDY bramen-rozijnen zonder haver 56
Weide kussen zonder graan 60
Haverkoekjes met berkenblaadjes 60
Havermout-banaanreep 62
Bananenbrood met havervlokken 64
Stukjes banaan 65
Banaan Kokosnoot Koekjes 67
Banaan Wortel Reep 69
Banaan-kurkuma koekjes 71
Bananenkoekjes met ribkruid en tijm 73
Bosbessen Bananen Traktaties met Gierst 75
Knoflook biscuits 77
Perenkoekjes 79
Wortel haver blokjes 81
Appel-Millet Taler 83
Appel Thaler met Venkel 85
Appel en Wortel Taler 86
Verrassingsappel 88
Havermout Bananen Reep 90
Zoete aardbeien koekjes met brandnetels 92

| | |
|---|---|
| Rozenbottel lijnzaad koekjes | 92 |
| Rozenbottel-Hibiscus Koekjes | 93 |
| Zoete bloemkoekjes | 95 |
| Goudsbloembloemkoekjes met frambozen en wortelen | 97 |
| Goudsbloembloemkoekjes met aardbeien en malve | 99 |
| Zoete zomerkoekjes | 101 |
| Individuele kruidenhoekjes | 105 |
| Supervoedsel mix | 106 |
| <u>Traktaties voor het winterseizoen</u> | **108** |
| Hoestsnoepjes voor paarden | 108 |
| Zoethout kerstkoekjes | 110 |
| Apple Cinnamon Kerstballen | 112 |
| Tarwe Zemelen Zonnebloem Crackers | 114 |
| Spelt Bites | 116 |
| Honing bommen | 118 |
| Notenreep met rode bessen | 120 |
| Pompoen zwarte komijn stokjes | 122 |
| <u>Horse Cake en Muesli</u> | **124** |
| Verjaardagstaart | 124 |
| Appeltaart | 126 |
| Appel-Banaan Cake | 128 |
| Appel en rode bieten taart | 130 |
| Worteltaart | 132 |
| Paarden muesli | 134 |

## Fruitige dagelijkse traktaties

### *Fruitige Kamille Koekjes*

Kamille heeft een kalmerend effect op zowel mensen als paarden. Een thee in de winter kan wonderen doen, maar de bloemen, die verder verwerkt kunnen worden, bevatten ook belangrijke ingrediënten. Chamazuleen, de diepblauwe etherische olie die uit de kamillebloem wordt geëxtraheerd, is samen met de vele organische zuren en bitterstoffen van belang bij de bestrijding van huid- en slijmvliesaandoeningen en zweren in maag en darmgebied. Bovenal kan rusteloosheid worden verlicht en stress en spanning worden tegengegaan. De frambozen die aan dit recept zijn toegevoegd, leveren ook veel nuttige vitaminen.

**De volgende ingrediënten zijn nodig voor kamillekoekjes:**

1 groene & 1 gele appel
150 g verse frambozen
100 g kamille bloemhoofdjes
200 g havervlokken (of gierstvlokken)
wat honing

**Voorbereiding:**

1) Nadat de frambozen grondig zijn gewassen, worden ze samen met de ongewassen kamillebloemhoofdjes in een kom gedaan. Daar moet alles tot een vloeibare massa worden vermalen.

2) Daarna kunnen de appels naar wens worden gesneden. Voor een fruitige textuur zijn hapklare stukjes ideaal, maar de appels kunnen ook bijzonder klein gesneden of geraspt worden.

3) Dan worden de appels aan het mengsel toegevoegd, samen met een scheutje honing. De havervlokken (of gierstvlokken) maken het mengsel dikker tot een deeg. Dit moet 15 minuten in de koelkast rusten.

4) Vervolgens kan de koude massa worden uitgerold en in verschillende vormen worden gegoten. De kamille maakt een bloemvorm geschikt, maar kleine balletjes kunnen ook in de handpalmen worden gerold.

5) De aldus verkregen koekjes worden vervolgens op een met bakpapier beklede bakplaat gelegd en gedurende een uur in de oven op 100 graden Celsius gebakken.

6) Daarna is het belangrijk dat de koekjes verder worden gedroogd in de frisse lucht gedurende twee dagen of op een verwarming gedurende een paar uur.

## *Bieten koekjes*

Traktaties voor paarden op basis van rode bieten bevatten veel ijzer en foliumzuur, wat de algemene gezondheid van een wat kromgegroeid paard weer op peil kan brengen. Het volgende recept is ook verfijnd met zonnebloempitten, die een allrounder voor paarden zijn. Ze bevatten veel vitaminen, onverzadigde vetzuren en mineralen. Het is belangrijk om voor dit recept wegwerphandschoenen te dragen en een kom te gebruiken die al wat ouder is. De rode biet veroorzaakt een bijzonder sterke roodkleuring, die gerechten en ook de huid langdurig kan doen verkleuren.

**Voor de rode bieten koekjes heb je nodig:**

250 g havervlokken
30 g zonnebloempitten
1-2 knollen rode biet (afhankelijk van de gewenste intensiteit)
wat heet water
Wegwerphandschoenen

**Voorbereiding:**

1) De knollen worden geraspt of bijzonder klein gesneden en in een kom gedaan. Voeg dan de rest van de ingrediënten toe.
2) Voeg geleidelijk genoeg heet water toe om een soepel deeg te maken. Het is een goed idee om het deeg in de handpalmen tot kleine balletjes te persen om "rollis" te maken, maar het deeg kan ook tot koekjes worden gesneden met behulp van een geschikte vorm.
3) Rol de bakplaat uit met bakpapier en leg er de balletjes of koekjes op. Plaats de traktaties vervolgens in de oven op 150 graden Celsius gedurende ongeveer een uur.
4) Laat de koekjes dan volledig afkoelen.

## *Anijs-biet koekjes*

Samen met het hoge ijzergehalte en het foliumzuur uit de bieten, zijn de koekjes in combinatie met anijs bijzonder geschikt voor paarden die last hebben van winderigheid, een opgeblazen buik of koliek. Anijs verzacht het maag-darmkanaal, heeft een krampstillend effect en bevordert de spijsvertering. Bovendien is het carminatief, d.w.z. het verlicht winderigheid, het maakt slijm in de keel los in geval van hoest en ontspant de bronchiale spieren. Dit maakt anijs tot een echt supervoedsel, maar u moet het niet zelf plukken. In de natuur lijkt de anijsplant sterk op de giftige scheerling, zodat er altijd gevaarlijke verwisselingen zijn.

Aangezien in dit recept hele granen worden gebruikt, mogen deze koekjes niet te vaak worden gevoerd, omdat paarden granen niet gemakkelijk afbreken.

**Voor deze koekjes heb je nodig:**

225 g rode bietenpuree (2 rode bieten knollen)
200 g volkoren tarwemeel
150 g volkoren havervlokken (of "gewone" havervlokken)
2 theelepels anijs

**Voorbereiding:**

1) Voor dit recept heb je bietenpuree nodig. Deze kan vacuümverpakt worden gekocht, maar twee bietenknollen kunnen ook worden gekookt tot ze zacht zijn en vervolgens met een staafmixer worden gepureerd.

2) De overige ingrediënten worden geleidelijk aan deze vloeibare massa toegevoegd, zodat na verloop van tijd een deeg ontstaat. De klomp deeg die zo ontstaat, kan in vier gelijke delen worden verdeeld. Deze kleinere stukjes zijn veel gemakkelijker uit te rollen dan de hele massa. Het rolletje hoeft

niet bijzonder fijn of dun te zijn, en de vorm hangt ook af van de ruiter of bakker van de traktaties.

3) Met een scherp, dun mes kunt u nu plakjes snijden van één tot twee centimeter dik. Als u daarna de vorm nog wat wilt verbeteren, kunt u dat naar eigen inzicht doen. Bovendien rijzen de koekjes niet tijdens het bakken, zodat de vorm al definitief is vóór het bakken.

4) De aldus verkregen donuts kunnen nu worden overgebracht op een bakplaat die vooraf met bakpapier is bekleed. Plaats ze dan in de oven op 180 graden gedurende 20 minuten.

5) Vóór het voederen moeten de koekjes voldoende drogen.

## *Rode bieten koekjes met Reishi*

Het volgende recept is bereid met reishi. Reishi is een belangrijke geneeskrachtige paddenstoel in de Aziatische cultuur en is ook een van de oudste geneesmiddelen. Terwijl hij in Azië veel wordt gebruikt, is hij in Duitsland niet erg bekend, hoewel hij vaak op Duitse loofbomen groeit. Het is belangrijk op te merken dat de reishi geen eetbare paddenstoel is. Het is een zuivere medicinale paddenstoel en daarom niet geschikt voor consumptie. De consistentie is bijzonder hard en het smaakt ook zeer bitter, wat de eetlust van paarden niet zou stimuleren. Niettemin kan de paddestoel in poedervorm worden gekocht en door koekjesdeeg worden geroerd. In deze vorm kan de paddenstoel helpen bij veel verschillende ziekten: hoge bloeddruk, bronchitis en astma, hartziekten, ontstekingen van allerlei aard, maagzweren, chronische hepatitis, een verzwakt immuunsysteem en zelfs slapeloosheid.

**Voor de reishi verrijkte bieten koekjes heb je nodig:**

150 g volkoren tarwemeel
50 g tarwebloem
200 g havervlokken
2 theelepels rijstpoeder
2 theelepels zonnebloemolie
2 appels
225 g rode bieten (2 knollen)

**Voorbereiding:**

1) De 150 g volkorenmeel en de 50 g tarwemeel kunnen worden vervangen door een extra 200 g havervlokken voor paarden die tarwe nog minder verdragen dan normaal. De droge ingrediënten worden eerst in een kom gedaan.

2) Zowel de appelen als de bietenknollen worden vervolgens geraspt, hoewel het raspen van de laatste moeilijk kan zijn,

zodat de knollen ook in kleine stukjes kunnen worden gesneden.

3) Meng vervolgens het vocht van de rode biet, de olie en de stukjes rode biet en appel tot een glad deeg. Als het deeg te dik is, kunt u een beetje meer warm water of thee toevoegen.

4) Het deeg kan nu worden gebruikt om rollis of taler te vormen, die vervolgens op een met bakpapier beklede bakplaat worden gelegd. Deze bakplaat moet vervolgens gedurende één uur in de oven op 100 graden Celsius worden geplaatst.

5) Als de koekjes na deze tijd nog niet klaar zijn, kunnen ze nog een uur in de oven op een zacht vuurtje worden gezet of ze kunnen enkele dagen in de open lucht drogen.

## *Fruitige Crunchies*

In dit recept wordt vanille gebruikt. Vanille mag niet in bijzonder grote hoeveelheden worden gevoerd. Bovendien moet erop worden toegezien dat natuurlijke vanille wordt gebruikt en geen vanillesuiker. Vanille aroma is ook een optie. Niettemin moet worden gezegd dat vanille eigenlijk geen deel uitmaakt van het natuurlijke dieet van een paard. Vanille moet worden ingevoerd en kan dus niet door grazende paarden worden gegeten. Dit betekent dat slechts een klein beetje vanille mag worden gebruikt, ook al houden paarden erg van de smaak.

**Voor de Fruity Crunchies die het nodig heeft:**

3 druppels vanille aroma / half vanillestokje
150 g wilde bessenmix
2 wortels
200 g havervlokken
2 eetlepels plantaardige olie

**Voorbereiding:**

1) Doe alle ingrediënten behalve de wortels in een kom en meng. Was en pureer de wilde bessen. Aangezien dit een zeer kleverig en kleverig proces is, draag wegwerphandschoenen of gebruik een houten lepel bij het kneden.
2) Zodra een gelijkmatig mengsel is ontstaan, kunnen de wortelen onder handen worden genomen. Was ze grondig en snijd ze dan in hapklare stukken. Deze stukjes kunnen dan in het deeg worden gevouwen.
3) U kunt nu met uw handpalmen platte schijven van het deeg maken. Deze worden dan op een ingevette bakplaat gelegd.

Hier moet margarine of boter worden gebruikt, want de koekjes moeten bijzonder knapperig zijn.

4) De koekjes worden vervolgens gedurende 20 minuten op 180 graden Celsius gebakken. Als ze na de baktijd nog niet droog genoeg zijn, moeten ze enkele dagen in de open lucht drogen alvorens te worden gevoerd.

## *Blackberry Rozenbottel Snoepjes zonder Haver*

Hoewel de braam een bessenvrucht is en dus veel fructose bevat, wordt hij tot de geneeskrachtige planten gerekend. Dit omvat onder andere ook de braambesbladeren. De hele plant heeft bijzonder positieve effecten. Niettemin moet erop worden toegezien dat de bladeren slechts met mate worden gevoed. Ze kunnen bijzonder goed als geneesmiddel worden gebruikt. De bessen zelf vormen geen gevaar, maar moeten niet met een overdosis worden ingenomen. De hele plant is rijk aan vitamine C, mangaan, kalium, calcium en bevat diverse tannines. Vooral de bladeren zijn rijk aan dit laatste, en daarom kunnen ze bij de juiste dosering een zeer positief effect hebben op de gezondheid van het paard. Zij hebben een antivirale, kiemremmende en samentrekkende werking, die de darmflora kan versterken. Maar te veel tannines kunnen ook een averechts effect hebben: Het is bekend dat zij ook belangrijke, natuurlijke bacteriën ontnemen die essentieel zijn voor de darmflora en het immuunsysteem. Dit kan leiden tot een verzwakt immuunsysteem.

**Voor deze naar fruitsnoep smakende koekjes heb je nodig:**

100 g maïs (maïsmeel)
3 eetlepels koolzaadolie
50 g tarwegriesmeelzemelen
4 el rode bietenpoeder
50 g rozenbottelvrucht
100 g bramen

**Voorbereiding:**

1) Doe alle vloeibare ingrediënten in een kom. Was de vruchten, plet de bramen en snijd de rozenbottels in kwarten. Samen met de olie kan alles worden verwerkt tot een vloeibare massa.

2) Terwijl het mengsel trekt, gaan de droge ingrediënten in een kleinere kom en worden grondig gemengd. De gedroogde maïs moet zo fijn mogelijk worden gemalen met een keukenmachine om een meelachtige consistentie te verkrijgen. Eventueel kan ook maïsmeel worden gebruikt, maar dit moet apart worden gekocht.

3) De droge ingrediënten worden vervolgens in kleine stappen door de vloeibare massa geroerd. Het resultaat is een kneedbare pasta die echter vlekt en daarom met wegwerphandschoenen moet worden gekneed.

4) Na het kneden, rolt u het deeg uit met een deegroller. Als het aan de deegroller blijft kleven, kunt u het helpen met een beetje bloem of poedersuiker. Snijd nu naar wens koekjes uit het deeg. Hartvormen worden aanbevolen, maar elke andere vorm kan worden gebruikt.

5) De koekjes worden vervolgens op een met bakpapier beklede bakplaat gelegd en gedurende 15 à 20 minuten in de oven op 180 graden Celsius geplaatst. Daarna moeten de koekjes nog een uur op de laagste stand bakken. Als de koekjes zijn afgekoeld, kunnen ze over een paar weken worden gevoerd.

## *Weide kussen zonder graan*

Het volgende gevarieerde recept gebruikt pastinaken en mariadistel. Pastinaken bevatten veel belangrijke ingrediënten zoals calcium, ijzer, kalium en magnesium en zijn ook rijk aan essentiële oliën. Ook de minerale diversiteit is bijzonder waardevol. Niettemin moeten niet te veel pastinaken worden gevoerd, omdat zogenaamde overmineralisatie kan optreden. Mariadistel daarentegen is een geneeskrachtig kruid dat kan helpen bij leverproblemen en ook diabetes op een natuurlijke manier ondersteunt, omdat het de lichaamseigen afbraak van insuline verhoogt en ervoor zorgt dat suiker beter wordt getransporteerd.

**Voor de weide kussen die het nodig heeft:**

150 g gedroogde groene vezels<br>
3 eetlepels zonnebloemolie of lijnzaadolie<br>
100 g kruidenmengsel (mariadistel, bosbessenblaadjes, Rozenbottels, brandnetels, herderstasje)<br>
50 g pastinaaksnippers<br>
1 wortel<br>
1 Appel<br>
Mout-gist kruiden<br>
1 rode biet knol<br>
Honing<br>
1 suikerbiet

**Voorbereiding:**

1) Het recept bevat veel ingrediënten, maar de bereiding is vrij eenvoudig:

2) Was de wortel, suikerbiet en appel en rasp ze vervolgens fijn met een keukenrasp.

3) Snijd de bieten in kleine stukjes.

4) Alle ingrediënten worden dan in een kom gedaan met een drupje honing en door elkaar geroerd.

5) Het resulterende deeg moet vrij droog en stevig zijn. Nu hoeft het deeg alleen nog maar in kleine blokjes te worden gevormd, een andere vorm is natuurlijk ook mogelijk.

6) De koekjes die zo ontstaan, moeten bijzonder lang bij een lage temperatuur worden gebakken: De met bakpapier beklede bakplaat moet ten minste drie uur in de oven op 100 graden Celsius.

7) Laat de koekjes vervolgens ten minste twee dagen in de open lucht drogen.

## *Haverkoekjes met berkenblaadjes*

Berkenbladeren lijken op het eerste gezicht wat onconventioneel, maar ze zijn een van de natuurlijke voedselbronnen voor wilde paarden. Berkenbast is ook zeer geschikt voor dit doel, maar het is moeilijk te verwerken. Dit recept zinspeelt ook op de combinatie van lijnzaadolie en wortelen. De olie kan waardevolle vitaminen in de wortel oplossen. De berkenbladeren hebben ook een ontstekingsremmende werking, ze ontgiften en kunnen helpen bij slijm.

Dit recept helpt ook paarden die lijden aan artrose of astma op een natuurlijke manier.

**Voor de haverkoekjes met berkenblaadjes heb je nodig:**

150 g havervlokken
3 grote wortelen
30 g gedroogde berkenbladeren (kunnen worden gebruikt tijdens tochten te paard).
zelf uitstekend verzameld zijn)
2 eetlepels lijnzaadolie (alternatief zonnebloemolie)

**Voorbereiding:**

1) De havervlokken moeten zeer fijn worden gemalen. Een keukenmachine is hiervoor geschikt, zodat een fijn meel ontstaat.

2) De wortelen worden gewassen en met een rasp in een kom geraspt, zodat ze niet hoeven te worden geschild.

3) Voeg vervolgens de rest van de ingrediënten toe aan de kom en meng grondig tot een kleverig deeg. Als de bloem het deeg te stevig of niet kleverig genoeg maakt, kunt u meer wortelen toevoegen. Als het deeg te nat is, zal meer havermeel helpen. Als het deeg samenhoudt en kneedbaar is, laat het dan een kwartier rusten.

4) Als u besluit een talgvorm te gebruiken, vorm dan kleine balletjes en druk ze met een vork plat op een met bakpapier beklede bakplaat. Voor gewone koekjes kunnen ze met de palm van de hand worden platgedrukt.

5) Bak de koekjes vervolgens 30 minuten op 180 graden Celsius. Na een half uur moet de temperatuur worden verlaagd tot 80 graden Celsius, zodat de koekjes nog een uur kunnen bakken. Het is de moeite waard de deur van de oven af en toe te openen, want de wortelen geven veel vocht af, dat moet ontsnappen.

6) De haverkoekjes zijn klaar als ze helemaal hard zijn, maar niet aangebrand. Als ze aan het eind nog te zacht zijn, kunnen ze ook kort op een verwarming worden gelegd.

## *Havermout Bananen Reep*

Een van de eenvoudigste recepten voor paarden traktaties is waarschijnlijk deze. Deze repen zijn hard genoeg voor paarden om goed te kauwen, maar zacht genoeg om goed verteerd te worden. Net als bij mensen stimuleren bananen de spijsvertering en smaken ze even goed.

**De weinige ingrediënten voor de bananenrepen zijn beperkt tot:**

4 bananen
300 g havervlokken

**Voorbereiding:**

1) Bakpapier is hier niet nodig, maar het is wel geschikt. Als alternatief kan de bakplaat worden ingevet.

2) De bananen moeten worden gepeld en gepureerd zodat een homogene massa zonder grote klonters ontstaat. Zodra de havervlokken erdoor gemengd zijn, ontstaat een soepel deeg, dat kneedbaarder kan worden gemaakt met meer havervlokken.

3) Het deeg kan nu worden gevormd tot repen van ongeveer een centimeter dik. De bakplaat met de repen moet vervolgens gedurende 20 tot 30 minuten in de oven op 180 graden Celsius worden geplaatst. De gewenste consistentie is hier belangrijk. Als de repen aan een ouder paard moeten worden gevoerd, is 20 minuten voldoende, maar als het paard een sterke kaak heeft, moet de baktijd ongeveer 30 minuten bedragen.

4) De banaan-havermoutrepen moeten dan volledig afkoelen.

## *Bananenbrood met havervlokken*

Eigenlijk is bananenbrood een tamelijk zoet dessert voor mensen, maar met een paar veranderingen kan er ook een zeer sappige, en desgewenst hartige, snack voor een paard van worden gemaakt. Zoals in de meeste recepten, wordt de basis van havermout gebruikt. Bovendien worden in dit recept noten gebruikt. Inheemse notensoorten, zoals hazelnoten of walnoten, zijn natuurlijke bronnen van snacks die paarden af en toe oppeuzelen uit struiken en bomen tijdens het rijden. Bij het drogen moet er echter op worden gelet dat de noten vóór het voederen worden gepeld, aangezien tijdens het droogproces enzymen vrijkomen die een toxisch effect op het paardenlichaam kunnen hebben. Zodra de dop is verwijderd, is er geen gevaar meer, maar zoals bij elk tussendoortje moeten noten slechts met mate worden gegeten.

**Voor het sappige bananenbrood heb je nodig:**

3 rijpe bananen
50 g gezwollen chiazaad
70 g plantaardige olie
Scheutje honing
200 g gemalen havervlokken
150 g hazelnoten of amandelen
wat bakpoeder
wat kaneel
90 ml plantaardige melk

**Voorbereiding:**

1) Doe de gemalen haver in een aparte kom met de bananen, die met een vork gepureerd kunnen worden.

2) Meng in een andere kom de plantaardige melk, honing, bakpoeder, kaneel en olie en klop gedurende enkele minuten. Het vloeibare mengsel kan dan over de bananen en havermout worden gegoten.

3) Het deeg is vrij vloeibaar en wordt niet gekneed, maar rechtstreeks in een ingevette bakvorm gegoten. De amandelen of noten kunnen dan over het deeg worden gestrooid.

4) Plaats nu de broodvorm in een oven op 170 graden gedurende 50 minuten. Als het brood na een half uur al te donker is, kan de broodvorm worden afgedekt met bakpapier of aluminiumfolie, zodat de warmte constant blijft maar het oppervlak niet nog donkerder wordt.

5) Het brood moet volledig afkoelen en kan dan binnen een paar dagen worden gevoerd. Het brood moet worden bedekt zoals elk ander deeg, zodat het niet zo snel hard wordt.

## *Stukjes banaan*

Lijnzaad voorziet een paard van zeer belangrijke ingrediënten. Ze hebben een bijzonder goed effect op de spijsvertering, helpen het immuunsysteem en stimuleren zelfs de bloedsuikerspiegel. Bovendien worden ze vaak gebruikt voor showpaarden, aangezien lijnzaad een bijzonder positieve invloed heeft op huid en haar. Zij hebben ook een bijzonder hoog vitaminegehalte en een hoog gehalte aan vetzuren. Samen met de smaak van bananen, die bij paarden zeer in de smaak valt, is dit recept dan ook een favoriet voor elk paard.

Aangezien in dit recept volle granen worden gebruikt, moet erop worden gelet dat de koekjes niet in grote hoeveelheden worden gevoerd.

**Voor de bananen stukjes heeft het nodig:**

225 g bananenpuree (2 tot 3 bananen)
200 g volkoren tarwemeel
150 g volkoren havervlokken (of "gewone" havervlokken)
2 theelepels anijs
1-2 el. lijnzaad

**Voorbereiding:**

1) Als u in de winkel gekochte bananenpuree gebruikt, doet u die gewoon in een kom. Als twee of drie bananen worden gebruikt, moeten ze worden gepeld en gepureerd met behulp van een vork.

2) Voeg vervolgens de rest van de ingrediënten toe en door met uw eigen handen te kneden, moet u een tamelijk taai mengsel krijgen. Nadat dit 15 minuten in de koelkast heeft gerust, kan het verder worden verwerkt.

3) Verdere verwerking in zijn geheel is niet gemakkelijk, en daarom moet de massa in vier delen worden verdeeld. Deze vier delen kunnen tot ballen worden gevormd en vervolgens worden uitgerold. Van deze rolletjes kunnen met een scherp mes plakjes van ongeveer twee centimeter dikte worden gesneden.

4) De aldus verkregen schijven kunnen nu op een met bakpapier beklede bakplaat worden gelegd voordat ze gedurende twintig minuten op 180 graden Celsius worden gebakken totdat ze een mooie, goudbruine kleur hebben gekregen. Na het uitdrogen zijn de koekjes in de zak van een ruiter enkele weken en maanden houdbaar.

## *Banaan Kokosnoot Koekjes*

De meeste ruiters zijn het erover eens dat kokosnoten eigenlijk geen plaats hebben in het dieet van een paard; het voederen is immers gebaseerd op het natuurlijke eetgedrag van de dieren. Dit betekent dat er zeker geen paard in het wild zal zijn dat een kokosnoot uit een boom schopt, erop trapt tot de buitenste schil splijt zodat het vruchtvlees dan kan worden opgegeten. Rauwe kokosnoot hoort zeker niet thuis in het hoofdvoedsel.
Studies hebben echter aangetoond dat verwerkte kokosnoten kunnen helpen bij stofwisselingsziekten, waaronder Cushing's en EMS. Deze paarden moeten op een streng dieet worden gezet, omdat hun bloedsuikerspiegel sterk kan worden verhoogd door normale voeding. Kokosvoeding daarentegen kan de bloedsuikerspiegel op een goed peil houden. Bovendien helpt kokosnoot ook om het lichaam te ontwormen. In deze gevallen moet echter slechts een kuur worden toegepast.

De conclusie is dus dat het vruchtvlees van de kokosnoot bijzonder lekker smaakt voor paarden, vergelijkbaar met de kokosolie die soms wordt gebruikt, maar koekjes en traktaties met kokosnoot moeten slechts met mate worden gevoerd.

**Alles wat je nodig hebt voor dit recept is:**

2 tot 3 bananen (varieert naargelang de grootte)
150 g volkoren havervlokken
50 g geraspte kokos
optioneel: 1 scheutje kokosmelk of kokoswater

**Voorbereiding:**

1) De met een vork geprakte bananen moeten worden gemengd met de havervlokken en de kokosvlokken. Het resultaat moet een vrij stevig deeg zijn, dat nog kan worden verwerkt. Als het deeg een beetje te stevig is, kunt u kokosmelk of kokoswater toevoegen.

2) Van het aldus verkregen mengsel kunnen nu platte koekjes worden gevormd, die op een met bakpapier beklede bakplaat worden gelegd. De bakplaat moet vervolgens gedurende één à twee uur in de oven op 100 graden Celsius worden geplaatst. Het is niet alleen belangrijk om de kleur te controleren, maar u kunt ook met een houten stokje testen of de binnenkant van de koekjes nog vloeibaar is.
3) Daarna moeten de traktaties enkele uren aan de lucht drogen zodat de laatste vloeistoffen zijn verwijderd.
4) De koekjes moeten binnen een paar dagen worden gevoerd.

## *Banaan-wortel reep*

Deze traktaties zijn hard om te kauwen, dus ze zijn precies goed voor paarden! En ze gaan bijzonder lang mee in de jassen van renners. De meeste paarden zijn zeer tevreden met wortelen en bananen, omdat die bijzonder goed smaken en niet onmiddellijk in de slokdarm verdwijnen. Bovendien zorgen ze voor gevarieerde texturen en brengen ze veel voedingsstoffen en ingrediënten met zich mee die een paard kunnen versterken, ook al ligt de nadruk hier duidelijk meer op de lonende smaak.

Trouwens, voordat de repen gebakken worden, zijn ze een uitstekend tussendoortje voor de ruiter. Als ze gebakken zijn, zijn ze voor menselijke tanden nogal moeilijk te verwerken.

**Voor de banaan-wortel koekjes heb je nodig:**

350 g havervlokken
2 tot 3 wortelen (afhankelijk van de grootte)
1 banaan

**Voorbereiding:**

1) De wortelen moeten grondig gewassen worden, maar niet geschild. De wortelstukjes worden met een groenterasp in kleine stukjes geraspt en vervolgens in een kom gedaan. Voeg de gepureerde inhoud van een banaan toe; hiervoor kan een vork worden gebruikt. Na het mengen moeten de havervlokken in kleine beetjes worden toegevoegd. In vergelijking met andere recepten wordt hier een vrij grote hoeveelheid havervlokken gebruikt.

2) Tenslotte moet de massa bijzonder stevig zijn en daarom met de handen worden gekneed. De bijna droge massa kan dan worden uitgespreid op een snijplank. Dit kan in twee tot

drie stappen gebeuren als de snijplank niet groot genoeg is voor de hele massa.

3) Aangezien deze massa zeer stevig is, moet zij nu met een mes in repen worden gesneden. De rechthoeken moeten een afmeting hebben van vijf bij drie centimeter, maar er kan ook worden gekozen voor een langwerpige staafvorm. Je kunt natuurlijk ook met koekjesvormpjes werken, maar dat vergt nogal wat kracht.

4) Op een met bakpapier beklede bakplaat kunnen de repen nu in een op 100 graden voorverwarmde oven worden geplaatst, waar ze 90 minuten moeten drogen. Het is belangrijk dat de repen ook van tevoren uit de oven kunnen worden gehaald als ze te donker worden. De rest van de tijd kunnen ze drogen in de frisse lucht.

## *Banaan-kurkuma koekjes*

Wanneer men aan kurkuma denkt, denkt men onmiddellijk aan het gebruik in een gastronomische keuken of in een Indiaas restaurant, maar zeker niet aan het gebruik in de context van diervoeding. En toch is dat precies waar kurkuma in gespecialiseerd is. Het kruid helpt een grote verscheidenheid aan dieren, waaronder paarden. Het zou kanker bestrijden en heeft een bijzonder positief effect op het maagdarmkanaal. Bovendien hebben paarden soms een hoog cholesterolgehalte, net als mensen. Dit leidt tot hyperaciditeit en braken. Kurkuma kan bijzonder nuttig zijn bij deze klachten, omdat de curcumine die het bevat, de vorming van maag- en galsappen bevordert. Kurkuma heeft ook een ontstekingsremmende werking en helpt dus ook paarden die in het verleden maagdarmproblemen hebben gehad.

**Voor de banaan kurkuma koekjes heb je nodig:**

50 g tarwegriesmeelzemelen
5 el. lijnzaad
3 bananen
3 opgehoopte eetlepels kurkuma
100 g volkoren tarwemeel
50 g gerstvezels

**Voorbereiding:**

1) Terwijl de lijnzaadjes in een paar slokjes warm water worden gelegd zodat ze voldoende kunnen weken en opzwellen, kunnen de bananen onder handen worden genomen. Deze kunnen met een vork worden gestampt en dan gewoon in een kom worden gedaan.

2) Voeg vervolgens de rest van de ingrediënten in de kom, waaronder de gezwollen lijnzaadjes, die als ongezoete lijm

fungeren en dus ideaal zijn voor paarden op dieet of voor paarden met een zwak gebit.

3) Nu kan alles tot een massa worden gemengd. Als het deeg te stevig is, kunt u het helpen met een beetje warm water. Als het deeg te zacht is, kunt u werken met gewone cakemeel.

4) De massa wordt vervolgens tot pellets gevormd. Een eenvoudige kubusvorm is hiervoor geschikt, aangezien het deeg niet fijn genoeg is om verfijnde vormen aan te nemen.

5) De korrels moeten vervolgens op een met bakpapier beklede bakplaat worden gelegd, die in de oven gaat. Hier is het belangrijk dat de koekjes eerst en vooral drogen en niet bruin worden. Daarom worden ze gebakken op slechts 80 graden Celsius. De koekjes moeten drie tot maximaal vijf uur drogen.

6) Als ze dan nog niet droog genoeg zijn, kunnen ze enkele dagen in de open lucht worden bewaard.

## *Bananenkoekjes met ribkruid en tijm*

Voor paarden is ribkruid een populair geneeskrachtig kruid dat in het wild groeit op verse weiden. Ribwort wordt vooral gebruikt bij ademhalingsproblemen en alle aandoeningen die verband houden met de luchtwegen - vooral slijm. Maar ribwort sap zuivert ook het bloed en helpt bij huidziekten. Acute bloedingen kunnen worden gestelpt, omdat ribkruid een samentrekkende werking heeft. Het kan ook helpen bij zweren, brandwonden, dierenbeten, hoofdpijn, oorpijn en, natuurlijk, zwellingen. Er moet echter zorgvuldig worden nagegaan welke delen van de plant precies worden gebruikt. Zo moeten de bladeren worden gebruikt wanneer de plant in bloei staat, maar voordat de zaden worden gevormd. In de herfst kunnen ook de wortels worden gebruikt.

**De volgende ingrediënten zijn nodig voor deze heerlijke bananenkoekjes:**

150 g gemalen havervlokken
150 g volkoren tarwemeel (alternatief: haver- of gierstvlokken)
2 bananen
3 eetlepels zonnebloemolie of plantaardige olie naar keuze
50 g ribweegbree
3 theelepels tijm

**Voorbereiding:**

1) Nadat de bananen met een vork zijn gepureerd en de ribwortblaadjes extra klein zijn gehakt, kunnen alle ingrediënten in een kom worden gedaan. Eventueel kan een deel van de havervlokken ook heel gelaten worden, omdat dit een hardere textuur geeft die aangenamer is voor het paard.

2) Het mengsel mag niet vloeibaar zijn, maar moet een glad, zij het ietwat plakkerig deeg vormen. Van het mengsel kunnen

nu verschillende koekjes worden gemaakt. Ze kunnen in de handpalmen tot rolletjes worden gemaakt, maar het deeg kan ook in schijven worden gevormd of in vormen worden geperst. Dit deeg is niet geschikt om uit te rollen, omdat er niet genoeg droge stof is. Als het deeg met blote handen wordt gehanteerd, moeten de vingers altijd met water worden bevochtigd, omdat het deeg dan minder kleeft.

3) De koekjes moeten nu op een met bakpapier beklede bakplaat worden gelegd. Ze moeten nu gedurende een uur op 120 graden Celsius worden gebakken. Het is belangrijk ervoor te zorgen dat de koekjes niet bruin worden, maar alleen hard worden.

4) Als ze na het bakken nog een beetje vochtig zijn, kunnen ze op een lage verwarmingsstand worden gezet of een paar dagen in de frisse lucht verder drogen.

## *Bosbessen Bananen Traktaties met Gierst*

Bosbessen of ook bosbessen kunnen bijzonder goed helpen bij de spijsvertering van paarden. Zij kunnen ook uitwendig worden gebruikt als tinctuur, bijvoorbeeld bij eczeem, jeukende huiduitslag of slecht genezende zweren. Voorzichtigheid is echter geboden, want bosbessen zijn bijzonder zuur. Sommige paarden houden hiervan, terwijl andere er niet de grootste liefhebbers van zijn. Daarom is in dit bosbessenrecept banaan verwerkt, waardoor de zuurheid van de bosbes tot een minimum wordt beperkt. Als in plaats van rode bosbessen zwarte bosbessen worden gebruikt, is dit recept ook bijzonder geschikt voor mensen. De rijder moet echter van rode bosbessen afblijven, omdat die hallucinogenen kunnen bevatten.

**Voor deze traktaties is het nodig:**

300 g gierstvlokken
2 bananen
150 g bosbessen (overeenkomend met een grote handvol)
wat honing
Wat melk

**Voorbereiding:**

1) De bananen moeten van de schil worden ontdaan en vervolgens met een vork worden gepureerd. De bosbessen, daarentegen, moeten gewassen worden. Nu kunt u ze doormidden snijden om de koekjes sappiger te maken of ze pureren om ze compacter te maken. Voeg de gierstvlokken, een scheutje melk en een beetje honing toe om het recept nog wat zoeter te maken.

2) De ingrediënten moeten nu worden gemengd tot een homogene massa is gevormd. De gierstvlokken moeten het deeg

vrij droog maken. Als het te droog is, kunt u een beetje water of een warme kruidenthee toevoegen.

3) Omdat het deeg niet erg gemakkelijk te hanteren is, kan het tussen de handpalmen tot rolletjes worden gevormd. Indien gewenst kunnen deze ook worden platgedrukt om beter in de staljas van een ruiter te passen.
4) Bak de koekjes vervolgens 90 minuten op 100 graden Celsius. Ze kunnen een beetje kleur krijgen, maar dat heeft ook te maken met het droogproces.
5) Na het bakken moeten de koekjes een paar uur in de open lucht afkoelen alvorens ze te voederen.

## *Knoflook biscuits*

Onconventioneel in paardenvoeding is knoflook, maar knoflook brengt veel belangrijke aspecten met zich mee. Verkeerd gebruikt kan te veel knoflook echter ook een averechts effect hebben en dienovereenkomstig kwaad doen. Te veel van deze koekjes moeten daarom niet worden gevoerd. Slechts enkele zijn voldoende om hun antibacteriële, spijsverterings- en eetlustbevorderende werking te ontplooien. Bovendien wordt het immuunsysteem positief gestimuleerd en vinden paarden de smaak van knoflook erg lekker. Het is ook een goed vliegenafweermiddel. Vliegen, muggen en parasieten houden helemaal niet van de geur en blijven uit de buurt van bijzonder "besmette" paarden. De geur blijft echter ook aan de mens kleven, zodat wegwerphandschoenen moeten worden gedragen bij de verwerking, omdat de vingers anders na het kneden sterk naar knoflook ruiken.

**Voor de knoflookkoekjes heb je nodig:**

300 g wortelen
6 teentjes knoflook
100 g tarwezemelen
100 g paneermeel
ca. 100 ml lauw water

**Voorbereiding:**

1) De ongeschilde wortelen moeten grondig worden gewassen voordat ze met een rasp bijzonder fijn worden geraspt. Pel vervolgens de knoflook en hak of pers hem goed fijn. Beide worden vervolgens in een kom gedaan en moeten door elkaar worden gemengd.

2) Samen met de overige ingrediënten wordt een soepel en kneedbaar deeg gevormd. De consistentie kan worden geregeld met water en meer paneermeel.

3) Vorm nu kleine balletjes in uw handpalmen, die u op een met bakpapier beklede bakplaat legt. De ballen hoeven niet ver uit elkaar geplaatst te worden, want ze mogen niet gaan lopen.

4) De koekjes moeten vervolgens 35 minuten op 100 graden Celsius worden gebakken.

*Perenkoekjes*

Peren zijn een ideaal uitgebalanceerd voedingsmiddel, dat in vele koekjes- en snackvarianten wordt aangetroffen. Peren bevatten veel koolhydraten en vezels, maar ook veel vitamine C en K, alsmede kalium en koper. De schil van een peer kan de darmen ondersteunen en constipatie verminderen. Bovendien bevat de peer zelf natuurlijke bacteriën die helpen de darmflora op peil te houden en bijdragen tot een gezonde spijsvertering. Het is echter belangrijk op te merken dat paarden geen perenpitten mogen eten en dat peren niet in hun dagelijkse voeding mogen worden opgenomen. Overmatige perenvoeding kan het maagstelsel beschadigen en de peren zijn ook moeilijk te verteren, wat leidt tot ongewenste constipatie en ongemak, ook al wordt het vruchtvlees van de peer zelf verondersteld dit te verlichten.

**Voor dit recept heb je nodig:**

3 peren
1 wortel
2 appels
50 g tarwezemelen
250 g havervlokken
wat honing
wat water (insider tip: mango brandnetel thee)

**Voorbereiding:**

1) De peren, appelen en wortelen moeten worden gewassen en vervolgens met een keukenrasp zo fijn mogelijk worden geraspt. Samen met de havervlokken en de tarwezemelen kunnen de geraspte ingrediënten in een kom worden gedaan. Met een lepeltje honing kan de zoetheid eventueel worden verhoogd en met het water of een fruitige thee kan de consistentie worden beïnvloed. Het doel is een gelijkmatige massa die kan worden gekneed en gevormd.

2) Daarna moet de gewassen peer in kleine, hapklare stukjes worden gesneden. Belangrijk: De pitten moeten van tevoren uit de peer worden gehaald! Deze stukjes kunnen dan in het afgewerkte deeg worden gevouwen, zodat de koekjes later een fruitig en zacht bestanddeel bevatten.

3) U kunt nu plakjes van het deeg snijden of kleine balletjes vormen in uw handpalmen. Bak de koekjes vervolgens gedurende 45 minuten op 100 graden Celsius.

4) Als ze na het bakken nog niet stevig genoeg zijn, moeten ze nog twee dagen in de open lucht drogen of gedurende enkele uren op een lage verwarmingsstand worden gezet.

## *Wortel-haver blokjes*

Dit recept is ook bijzonder eenvoudig met twee ingrediënten. De afgewerkte blokjes zijn sappig en smelten letterlijk in de mond van een paard. Bovendien brengt wortelsap veel belangrijke vitaminen en voedingsstoffen die vooral op jonge leeftijd helpen.

**Alles wat je nodig hebt voor de wortel-haver blokjes is:**

200 g havervlokken
wat wortelsap
facultatief: wortelen

**Voorbereiding:**

1) Voeg, nadat de havervlokken in een kom zijn gedaan, zoveel wortelsap per eetlepel toe tot een kleverig, maar niet vloeibaar deeg ontstaat. Zodra alles gemengd is, kunt u er blokjes van vormen.
2) Eventueel kunnen wortelen grondig worden gewassen, fijngehakt en vervolgens door het mengsel worden gevouwen, zodat naast de gezwollen havervlokken ook een andere consistentie wordt toegevoegd.
3) Leg de blokjes vervolgens op een bakplaat bekleed met bakpapier of goed ingevet. Bak de blokjes vervolgens gedurende een goed uur op 100 graden Celsius. De consistentie moet na een uur met een houten stokje worden gecontroleerd. Vooral met toegevoegde stukjes wortel kunnen de blokjes nog wel een uur gebakken worden.

4) Daarna moeten de wortel-haverblokjes nog een dag in de open lucht drogen of enkele uren in de oven op een zacht vuurtje.

## *Appel-Millet-Taler*

Net zo eenvoudig als de wortel-haver blokjes zijn de appel-millet taler. Deze zijn aanzienlijk zoeter, ook al bevatten ze geen directe suiker, en worden dan ook snel door paarden verorberd. Ze zijn meer een beloning, omdat ze niet veel ingrediënten bevatten die echt een positief effect hebben op het paard. Aan de andere kant, ze smaken heerlijk.

**Voor de appel-millet-dalers die het nodig heeft:**

200 g gierstvlokken
2-4 eetlepels ongezoete appel-moes
optioneel: 1 appel

**Voorbereiding:**

1) Als de optionele appel wordt gebruikt, moet hij goed worden geschild en in kleine stukjes worden gesneden. De appel hoeft niet te worden uitgeboord. Meng vervolgens de appelstukjes met de rest van de ingrediënten in een kom. Zonder de appelstukjes hoeven alleen de gierstvlokken en de appelmoes gemengd te worden.
2) Om van het deeg taler te maken, wordt de ontstane massa eerst tot kleine balletjes gevormd, die vervolgens op bakpapier worden gelegd en met een vork worden platgedrukt.
3) Leg de thalers vervolgens op een met bakpapier beklede bakplaat en bak ze gedurende ongeveer 1 ½ tot 2 uur op 100 graden Celsius.
4) Daarna moeten de talers een dag in de open lucht drogen of enkele uren in de oven op een laag vuur.

## *Appel Thaler met Venkel*

Venkelzaad heeft een aantal positieve effecten. Zo heeft venkel een fundamenteel kalmerend effect, niet alleen op het algemene humeur van het paard, maar ook op opkomende krampen en het spijsverteringsstelsel. Venkelzaad is ook erg populair bij astmapatiënten, vooral omdat het een nieuwe textuur geeft. Samen met de appelmoes, die de eetlust stimuleert, is dit recept een klassieker voor het herfst- en winterseizoen, en als het toch een beetje te koud wordt, kan venkelthee door het normale droogvoer worden gemengd.

**Voor deze vrij eenvoudige talers heb je nodig:**

225 g ongezoete appelmoes
200 g volkoren tarwemeel
150 g volkoren havervlokken (of "gewone" havervlokken)
4 theelepels venkelzaad

**Voorbereiding:**

1) Doe eerst de ongezoete appelmoes in een kom. Dan kan de rest van de ingrediënten beetje bij beetje worden toegevoegd. Ook hier is het de moeite waard om in veel kleine stapjes te werken, want het is niet gemakkelijk om er zoveel droge ingrediënten in te doen. De venkelzaadjes kunnen in hun geheel worden toegevoegd als extra textuur of van tevoren worden opgezwollen.

2) Als het mengsel om welke reden dan ook te stevig is om mee te werken, kan een beetje water worden gebruikt. Als er venkelzaad over is, kan het ook in warm water worden gelegd zodat het opzwelt. Dit levert een afkooksel op dat een

zeer antibacteriële werking heeft. Dit kan ook in een kompres worden verwerkt, want het afkooksel van gezwollen venkelzaad helpt bij wonden en zweren.

3) De aldus verkregen massa moet nu goed worden gekneed, zodat zij verder kan worden verwerkt. Om dit te vergemakkelijken, moet de resulterende massa in vier delen worden verdeeld. Op deze manier kunnen vier rollen worden gevormd, die vervolgens in plakken worden gesneden. Deze plakjes moeten een tot twee centimeter dik zijn voordat ze op een met bakpapier beklede bakplaat worden gelegd en 20 minuten in de oven op 180 graden Celsius worden gebakken.

## *Appel en wortel thalers*

Wortelen en wortels behoren tot de typische traktaties die paarden eten. Des te logischer is het dat deze combinatie ook wordt gebruikt in gebakken koekjes en talers. In combinatie met venkel kan niet alleen een bijzonder smakelijke traktatie worden gecreëerd, maar kunnen ook kolieken en winderigheid worden verlicht. Voer echter niet te veel koekjes van dit hoogzomer recept, want dan kunnen ze de darmen irriteren en zelfs onverwachte allergieën opwekken. Bovendien bevat dit recept ook granen, die door de maag van een paard niet perfect kunnen worden verwerkt.

**Voor deze traktaties is het nodig:**

1 - 2 wortelen
70 g gestoofde appels (3 tot 4 flinke eetlepels)
200 g volkoren tarwemeel
150 g volkoren havervlokken (of "gewone" havervlokken)
2 theelepels venkelzaad

**Voorbereiding:**

1) Nadat de wortelen grondig zijn gewassen en niet zijn geschild, kunnen ze met een keukenrasp zo fijn mogelijk worden geraspt. Doe de geraspte wortelen in een kom met de appelcompote en voeg de rest van de ingrediënten toe. Kneed het mengsel goed door elkaar. Hoe harder het deeg, hoe beter het resultaat, maar kneden is niet gemakkelijk. Bovendien mag de deegachtige massa niet brokkelig zijn. In dat geval kan meer appelcompote worden toegevoegd.

2) Aangezien u met een vrij grote massa werkt, is het gunstig deze in vier gelijke delen te verdelen. Hiervan kunnen balletjes en vervolgens rolletjes worden gevormd, die vervolgens

in plakjes worden gesneden. Deze plakjes moeten ongeveer één à twee centimeter dik zijn en kunnen dan op bakpapier worden gelegd.

3) Leg de koekjes op een bakplaat en zet ze 20 minuten in de oven op 180 graden Celsius. Als zij daarna nog niet droog genoeg zijn, kunnen zij nog enkele uren op een verwarming of in de frisse lucht drogen.

## *Verrassingsappel*

Dit recept is niet echt een recept voor koekjes of biscuitjes, maar voor een zeer populaire traktatie die afwisseling kan brengen in het eentonige stalleven en die bovendien heel gemakkelijk te maken is. Bovenal is dit recept lekker en garandeert het hartjes in uw ogen. Natuurlijk brengt een appel ook waardevolle vitaminen mee, maar in dit recept staan niet de voedingsstoffen centraal, maar wel de bijzondere band tussen ruiter en paard, die ook af en toe op de proef wordt gesteld en daarom alleen het beste verdient.

**Het enige wat nodig is voor de verrassingsappel is:**

1 grote appel
Havermout
Knäckebröd
1 wortel

**Voorbereiding:**

1) Om een verrassingsappel te bereiden, moet eerst het binnenste van de appel worden verwijderd. Snijd daartoe de bovenkant van de appel af, zodat een deksel kan worden verwijderd. Dan wordt de appel uitgehold. Dit proces is zeer vergelijkbaar met pompoen snijden voor Halloween, maar in een veel kleinere vorm. Het maakt niet uit hoe mooi of voorzichtig je werkt, want de appel is toch binnen een paar seconden opgegeten.

2) Het binnenste van de appel kan nu worden gemengd met havervlokken, verkruimeld knäckebröd en met bijzonder fijngehakte of geraspte wortelen. Het resulterende mengsel

wordt nu voorzichtig met een lepel weer in de eigenlijke appel gevuld. Het "dekseltje" kan ook weer op de appel worden gelegd, zodat hij er inderdaad uitziet als een verrassing.

3) Trouwens, dit recept is ook erg lekker voor mensen als het gegratineerd is!

## *Zoete aardbeien koekjes met brandnetels*

Aardbeien zijn een belangrijke bron van vitaminen, maar er moet op worden toegezien dat alleen gezonde paarden van aardbeien genieten. Bessen bevatten over het algemeen vrij veel fructose, dat nog sterker is dan gewone suiker. Een te hoge dosis kan dan ook negatieve effecten hebben. Maar paarden zijn allergisch voor heel wat dingen. Een paar koekjes maken dus niet al te veel verschil, maar van tevoren moet met een dierenarts worden besproken of er sprake is van reeds bestaande aandoeningen en welke voeding dan moet worden vermeden.

**Voor de zoete aardbeien koekjes heb je nodig:**

200 g aardbeien
200 g havervlokken
1 bundel brandnetels, wat honing

**Voorbereiding:**

1) Voor dit bijzonder eenvoudige recept hoeft u alleen maar alle ingrediënten in een kom te doen en ze door elkaar te mengen. Dit levert een tamelijk kneedbaar deeg op, dat nu tot koekjes kan worden verwerkt.

2) Wij bevelen een hartvorm aan, maar elke andere koekjesvorm kan worden gebruikt. Dit deeg is bijzonder geschikt voor biscuitvormen, maar het kan ook tot ballen worden gevormd of worden uitgerold en vervolgens in plakken worden gesneden.

3) De koekjes moeten vervolgens gedurende twee uur op 100 graden worden gebakken, zodat ze volledig kunnen uitharden. Hierdoor gaan de koekjes veel langer mee en krijgen de paarden ook de kans om wat langer te kauwen.

## *Rozenbottel lijnzaad koekjes*

Sommige oudere en zieke paarden hebben geen eetlust. Ze worden kreupel en eten heel weinig. Dit recept, dat punten scoort met de superfoodcombinatie van rozenbottels en lijnzaad, heeft zichzelf bewezen. Zowel rozenbottels als lijnzaad hebben een zeer positieve invloed op de huid en de vacht van de paarden. Beide zijn rijk aan onverzadigde vetzuren, vitaminen en mineralen. Bovendien profiteert het paard er dubbel van, want lijnzaad is optimaal op het gebied van slijm- en zwelcapaciteit.

**Alles wat het nodig heeft is:**

100 g rozenbottels
350 g lijnzaad
80 g gedroogd broodkruim

**Voorbereiding:**

1) De 350 g lijnzaad moet in twee delen worden verdeeld. Er is 150 g nodig, die ongewijzigd in de massa worden geroerd, en 200 g, die met heet water worden overgoten, zodat zij opkoken tot een door en door vette en zeer kleverige massa. Eventueel kan hier 200 g suikerbietenstroop worden gebruikt, maar dit is niet zo'n grote hoeveelheid suiker.

2) Nadat de lijnzaadjes enkele minuten hebben kunnen weken, moet het overtollige water worden afgegoten voordat het tot een deeg wordt gekneed, samen met de overige lijnzaadjes en de rozenbottels, die zo nodig met een keukenmes zijn fijngehakt. Het deeg moet kneedbaar en niet te kleverig zijn. Als dat laatste het geval is, kan meer paneermeel worden toegevoegd.

3) Nadat het deeg een paar minuten in de koelkast heeft kunnen rusten, kan het op een plaat worden uitgerold. Met elke koekjessnijder kunnen de koekjes worden uitgesneden. Een hartvorm is hiervoor zeer geschikt, maar in de jas van de ruiter is geen mooie vorm nodig.

4) Bak de koekjes op 180 graden gedurende tien minuten of tot ze goudbruin en hard zijn.

5) Gedurende de volgende twee dagen moeten de koekjes nu op een luchtige plaats drogen en uitharden, waarna ze aan uw geliefden kunnen worden gevoerd.

## *Rozenbottel Hibiscus Koekjes*

Terwijl rozenbottels een bijzonder positieve invloed hebben op de vacht van het paard, is de hibiscusbloem een bijzonder kleurrijke geneeskrachtige plant. Het is bekend onder vele namen in de volksmond en heeft dienovereenkomstig vele positieve effecten. Zo is hibiscus een natuurlijk slijmoplossend middel en een bijzonder licht gedoseerd laxeermiddel voor paarden die te kampen hebben met constipatie. Bovendien zijn de bloemen van de hibiscus vochtafdrijvend en stimulerend voor de galblaas, en tevens antibacterieel en stimulerend voor de stofwisseling. Dit is te danken aan het feit dat de hibiscusbloem uit een bijzonder groot aantal zuren bestaat - tot wel 30 procent! Hibiscus is daarom bijzonder populair in de winter en de herfst, wanneer het net wat kouder wordt: bij verkoudheid, problemen met de bloedsomloop, productieve hoest en ontstekingen van de bovenste luchtwegen.

**De volgende ingrediënten zijn nodig voor de rozenbottel-hibiscuskoekjes:**

100 g rozenbottels
50 g gedroogde hibiscusbloemen
200 ml hibiscusthee
150 g havervlokken
wat honing of suikerbietenstroop

**Voorbereiding:**

1) Eerst moet een basismassa worden gecreëerd. Plet hiervoor de rozenbottels in een kom tot er een vochtige massa ontstaat.

2) De geplette rozenbottels worden vervolgens met de warme hibiscusthee vermengd. Het huidige vocht kan worden gebruikt om het deeg, dat nu wordt gevormd door toevoeging van de havervlokken, naar keuze een zoete smaak te geven.

Het deeg moet nog een beetje kleverig zijn en geen kneedbare massa vormen. Dit wordt bereikt door de gedroogde hibiscusbloemen toe te voegen, die het deeg de nodige stabiliteit geven. Zorg ervoor dat de hibiscusbloemen pas aan het eind worden toegevoegd, anders zouden de bloemen opzwellen door het hoge vochtgehalte.

3) Het aldus verkregen deeg kan nu in de gewenste vorm worden gebracht. Bijzonder geschikt zijn rollis, bolletjes die tussen de handpalmen worden gerold, maar ook schijfjes of zelfs uitgesneden vormen zijn mogelijk.

4) Als de koekjes op een met bakpapier beklede bakplaat zijn gelegd, moeten ze 18 minuten op 180 graden Celsius worden gebakken. Daarna moeten de koekjes in de frisse lucht worden bewaard, zodat het resterende vocht kan ontsnappen. Een laag gedraaide kachel is hier ook zeer geschikt voor.

## *Zoete bloemenkoekjes*

Paardenbloemen en bosbessen maken deel uit van het natuurlijke dieet van wilde paarden, vooral nu de paardenbloemen op veel weiden in bloei staan. Zij zijn bijzonder rijk aan plantenslijmstoffen, die door lijnzaad nog worden versterkt, en bevatten ook belangrijke caroteen- en polyfenolen. Het versterkt het immuunsysteem, helpt de lever en de nieren te zuiveren en heeft ook een diuretische werking. Voorzichtigheid is hier echter geboden: In het geval van het vasthouden van veel water, wat een paard ziek kan maken, kan paardenbloem zeker helpen, maar het put ook de waterreserves van een gezond paard uit. Daarom moet ervoor worden gezorgd dat de paarden altijd over voldoende water beschikken.

**Voor de mooie bloemenkoekjes heb je nodig:**

200 g paardenbloem
100 g bosbessen
2 g lijnzaad
150 g havervlokken

**Voorbereiding:**

1) Nadat de bosbessen grondig zijn gewassen, worden zij in een kom met de ongewassen paardenbloemen gelegd en daar geplet. Paarden met een goed gebit kunnen ook de plantaardige vezels van de stengels eten.

2) Voeg het lijnzaad en de havervlokken toe aan de gekleurde vloeistof, zodat de vloeibare massa droger wordt. Het aldus verkregen deeg kan niet worden uitgerold, omdat het daarvoor te vloeibaar is, maar de massa kan in koekjesvormpjes worden geperst en zo een mooie vorm krijgen. Een bloemvorm met een hoge rand wordt aanbevolen. Als speciale

traktatie kan ook een hele bosbes in het midden van het mengsel worden geperst.

3) De koekjes moeten nu gedurende een uur op 100 graden Celsius worden gebakken. Om verder uit te drogen, kunnen ze vervolgens enkele uren tot enkele dagen in de open lucht worden gedroogd.

4) Aangezien in dit recept een vrij grote hoeveelheid bessen wordt gebruikt, moeten de koekjes binnen enkele maanden opgebruikt zijn.

## *Goudsbloembloemkoekjes met frambozen en wortelen*

Calendula bloemen brengen zeer belangrijke ingrediënten voor paarden. Etherische oliën, flavonoïde, stigmasterol, saponinen en faradiol kunnen zeer ontstekingsremmend zijn voor een paard en ook helpen tegen de pijn die door deze ontstekingen wordt veroorzaakt. Bovendien zijn frambozen en wortelen bijzonder rijk aan vitaminen, die het immuunsysteem van het paard ondersteunen en het helpen het hoofd te bieden aan ziekten.

**Voor de goudsbloem koekjes heb je nodig:**

1 tot 2 wortelen (varieert naargelang van de grootte)
150 g frambozen
200 g havervlokken (gierstvlokken optioneel)
50 g goudsbloemen of 5 goudsbloemenkoppen
Honing

**Voorbereiding:**

1) Nadat de frambozen grondig zijn gewassen en gepureerd, worden ze in een kom gedaan met de havervlokken (of gierstvlokken). De wortelen worden ook gewassen, maar hoeven niet geschild te worden. Snijd ze in hapklare stukjes en doe ze in de kom.

2) Als laatste, maar daarom niet minder belangrijk, moeten de goudsbloemen drogen. Om dit te vergemakkelijken volstaat het de goudsbloemblaadjes enkele dagen te laten drogen of ze enkele uren in de oven te leggen op de laagste temperatuur. Dit bespaart de bakker het vervelende plukken van de bloemen die aan de schil kleven. Wanneer ze droog zijn, kunnen ze gewoon worden geschild en samen met de wortelen in het mengsel worden gevouwen. Je kunt er ook een beetje honing bij doen.

3) Nadat de deegachtige massa 15 minuten in de koelkast heeft kunnen rusten, kan ze nu in de vorm worden gegoten. Daartoe drukt u het mengsel in vormen of vormt u er individuele rolletjes van, zodat u er plakken van een à twee centimeter dik van kunt snijden.

4) De bloemenkoekjes kunnen nu ongeveer 30 minuten op 100 graden Celsius worden gebakken. Daarna is het de moeite waard te wachten tot de koekjes voldoende zijn afgekoeld en ook een paar dagen hebben gehad om te drogen.

## *Goudsbloembloemkoekjes met aardbeien en malve*

Het valkruid is een paarsachtige bloem die heel mooi is om te zien. Het is rijk aan belangrijke ingrediënten die astmapatiënten en paarden die aan bronchiale aandoeningen lijden, helpen. Het slijmstof in de bloem beschermt de slijmvliezen in de keel van het paard. Het heemstkruid heeft een kalmerende werking en helpt ook tegen ontstekingen die zich in het mond- en keelgebied hebben verspreid. Samen met calendula helpt het tegen ontstekingen in het maagdarmkanaal, maar ook bij hoge koorts en huidontstekingen. Dit recept is dus niet alleen overtuigend met een frisse, natuurlijke smaak, maar ook met een overweldigende genezende werking.

**Voor dit recept heb je nodig:**

150 g aardbeien
50 g heemst
50 g goudsbloemen of 5 goudsbloemhoofdjes
200 g volkorenmeel (of gemalen havervlokken)

**Voorbereiding:**

1) De aardbeien moeten grondig worden gewassen, maar niet van hun stengels worden ontdaan, evenals het onkruid en de goudsbloembloesems, als deze niet zelf zijn verzameld. Als ze rechtstreeks uit de natuur komen, hoeven ze niet gewassen te worden.

2) In een kom moeten de afzonderlijke ingrediënten grondig worden fijngestampt tot een vloeibare massa. Met het volkorenmeel kan dan een deeg worden verkregen.

3) Elke soort graan wordt meestal niet goed verteerd door paarden. Het volkorenmeel kan dus worden vervangen door gemalen havervlokken of gierstvlokken, indien de te maken

koekjes gedurende een langere periode of vaker worden gevoerd.

4) De aldus verkregen massa moet een paar minuten in de koelkast rusten alvorens er kleine blokjes of vierkantjes van kunnen worden gemaakt. Door de aard van het meel of de gemalen haver- of gierstvlokken kunnen de koekjes nadien erg brokkelig worden, en daarom zouden ingewikkelde koekjesvormpjes deze traktaties een uniek uitzicht geven, maar ze zouden niet lang houdbaar zijn - vooral niet in de zak van een drukke ruiter.

5) De aldus verkregen blokjes of kubusjes kunnen nu op een bakplaat worden gelegd die vooraf met bakpapier is bekleed. De koekjes moeten nu gedurende 30 minuten op 100 graden Celsius worden gebakken alvorens ze enkele dagen in de open lucht te laten drogen.

6) Als de koekjes na het bakken nog een beetje te zacht zijn, kunnen ze ook een paar uur op de verwarming worden gelegd.

## *Zoete zomerkoekjes*

Van een verse pepermuntthee is bekend dat hij helpt tegen verkoudheid en de luchtwegen vrijmaakt van hinderlijk slijm. Dit is zeer vergelijkbaar voor paarden. Warme pepermuntthee kan worden gemengd met droogvoer of de muntblaadjes kunnen worden verwerkt tot koekjes. Maar vooral in de zomer helpt munt ook bij andere problemen.

Het heeft een kalmerende werking op maag en darmen en heeft ook een spasmolytisch effect: krampen in de maag kunnen worden verlicht. Bovendien helpt munt, samen met knoflook, de spijsvertering te bevorderen. Muntbladeren hebben dus een bijzondere genezende kracht bij onaangename kwaaltjes die kunnen ontstaan door de warmte in de stal.

**Het enige wat nodig is:**

2 rode appels
6 teentjes knoflook
5 muntblaadjes (2 theelepels muntolie)
250 g havervlokken

**Voorbereiding:**

1) Nadat de rode appels grondig zijn gewassen, wordt de ene in kleine stukjes gesneden, terwijl de andere zo fijn mogelijk wordt geraspt met een keukenrasp. Als alternatief kan de afzonderlijke appel ook worden geschild en vervolgens gepureerd.

2) De teentjes knoflook worden ook geraspt of geperst met een knoflookpers. De knoflook wordt dan in een grote kom gedaan samen met de geraspte appel. Voeg vervolgens de muntolie of de fijngehakte muntblaadjes toe.

3) De havervlokken kunnen nu geleidelijk aan de ontstane, vrij vloeibare massa worden toegevoegd. Na 100 gram havervlokken, wanneer de massa vaster is geworden, kunnen de kleine stukjes van de resterende appel erdoor worden gevouwen. Voeg dan de rest van de havervlokken toe.

4) Het aldus verkregen deeg kan nu in de vorm van koekjes worden gegoten. Het deeg kan tussen de handpalmen worden gerold of in kleine plakjes worden gesneden. De aldus verkregen koekjes moeten vervolgens op een met bakpapier beklede bakplaat gedurende 60 minuten in de oven worden gebakken op 120 graden Celsius. Ten slotte moeten ze enkele dagen in de open lucht drogen om er zeker van te zijn dat er geen vocht meer in zit.

## *Individuele kruidenhoekjes*

Aan het begin van dit boek werd uitgelegd hoe belangrijk het is kruiden aan paardenvoer toe te voegen. Aangezien elk kruid andere ingrediënten heeft, kan het volgende recept naar wens worden aangepast, zodat het perfect geschikt is voor uw eigen paard. En het is zelfs heel gemakkelijk te doen: alles wat je nodig hebt zijn kruiden en havermout.

**Naast de havermout, is er een kleine selectie van kruiden hier:**

- Brandnetel, venkel, munt, salie, tijm, basilicum

**Er kunnen ook bloemen bij, bijv:**

- Paardenbloem, kamille, mariadistel, goudsbloemen

**Voorbereiding:**

1) De geselecteerde kruiden moeten eerst worden gedroogd en vervolgens zo klein mogelijk worden gehakt. Samen met een handvol havervlokken worden ze in een kom gedaan. Zet nu kruidenthee (of zelfs vruchtenthee) op tot een kneedbare massa is gevormd. De deegachtige massa kan een groene kleur krijgen door de kruiden.

2) De gemakkelijkste manier om hoeken te maken is het deeg uit te rollen en in vierkanten te snijden. Met de achterkant van een mes kunnen deze vierkanten nu diagonaal worden verdeeld om twee driehoeken te maken. Bak ze op 150 graden gedurende 45 minuten of tot ze droog maar niet bruin zijn.

*Supervoedselmix*

Het volgende recept is iets gecompliceerder en bevat aanzienlijk meer ingrediënten. Maar het is de moeite waard. De combinatie van verschillende superfoods heeft een aantal positieve effecten. Er wordt ook een nieuw ingrediënt geïntroduceerd: Pompoenpitten.

Binnen het paardenvoer zijn pompoenpitten niet alleen smakelijk, maar ook rijk aan vezels en voedingsstoffen, en ze houden ook de blaas gezond of kunnen een zieke blaas weer op de been helpen. Met vitaminen A, E en C, calcium, zink, koper, ijzer, alsmede selenium en fytosterolen, brengen pompoenpitten vette olie en verzadigde vetzuren. Dit recept is ook goed voor oudere paarden, omdat de koekjes dan niet zo moeilijk te kauwen zijn.

**Voor de supervoedsel mix heb je nodig:**

450 g havervlokken
2 wortels
2 rode appels
50 g pompoenpitten
Melk
3 el. suikerbietenstroop
Honing
100 g bessen (naar keuze: Frambozen, bramen, Goji bessen, bosbessen)

**Voorbereiding:**

1) Ondanks het grote aantal ingrediënten is het recept betrekkelijk eenvoudig, ook al neemt de bereiding veel tijd in beslag. Eerst moeten de havervlokken met een scheutje melk worden gemengd tot ze een dikke pasta vormen, die ook een beetje kleverig kan zijn. De havervlokken moeten maximaal 15 minuten trekken.

2) Ondertussen kunnen de appels en wortels worden gewassen en vervolgens fijn geraspt. Met een scheutje honing en de suikerbietenstroop gaan de wortelen en appels in de pap.

3) De geselecteerde bessen kunnen worden geplet en toegevoegd of gedroogd en verkruimeld.

4) Samen met de pompoenpitten ontstaat een dik mengsel. Dit moet worden uitgesmeerd op een ingevette bakplaat en vervolgens gedurende 90 minuten in de oven van 180 graden Celsius worden geplaatst. Pas na afkoeling kunnen de koekjes in de juiste vorm worden gebracht, waarbij het niet uitmaakt of voor rechthoeken, driehoeken of plakken wordt gekozen.

5) Vóór het voederen moeten de koekjes gedurende twee dagen op een luchtige plaats worden bewaard, bij voorkeur direct in de frisse lucht.

## Traktaties voor de winter

### *Hoestdruppels voor paarden*

Paarden kunnen ook last hebben van hoest of astma en bronchitis krijgen. Bovendien kan een hoest veel moeilijker en ernstiger zijn voor een paard, maar het kan worden tegengegaan met de juiste kruiden. Venkel, bijvoorbeeld, kan effectief helpen. Daarom wordt in de winter warme venkelthee als hoofdvoeding gebruikt, maar deze plant kan ook in traktaties worden verwerkt. Met een paar tips en trucs kunnen goede hoestbonbons worden gemaakt die niet eens veel kosten. Deze hoestbonbons doen wonderen en zijn ook nog eens erg lekker.

**Voor de hoestbonbons die het nodig heeft:**

200 g volkorenmeel
100 g havervlokken
200 g venkelhoning (of suikerbietensiroop)
2 wortels
1 gedroogde appel
1 gedroogde banaan (1 handvol bananenchips)
10 g kruidenmengsel (willekeurige kruiden)

**Voorbereiding:**

1) De wortelen, appel en bananenchips moeten gehakt worden. Hiervoor kunnen verschillende instrumenten worden gebruikt. In een Thermomix duurt dit maar vijf seconden, maar het kan ook met andere keukenmachines of gewoon met een mes.

2) Het grove poeder moet nu in een kom worden gedaan. Voeg het volkorenmeel, de havervlokken en de venkelhoning toe. Het deeg moet vervolgens gedurende tien minuten worden

gekneed. Als het deeg te zacht is, kan meer bloem worden toegevoegd, en als het deeg te brokkelig is, kan een slokje water of warme venkelthee worden toegevoegd.

3) Uiteindelijk moet het deeg kleverig zijn en kan het zelfs aan uw handen kleven. Vorm er met natte vingers balletjes van en leg die op een met bakpapier beklede bakplaat. Aangezien het deeg tijdens het bakken niet rijst, kunnen de rolletjes vrij dicht op elkaar worden gelegd.

4) Bak de snoepjes op 170 graden Celsius gedurende 20 tot 25 minuten. Dan moet de temperatuur omlaag. Bij 50 graden Celsius moeten de koekjes dan nog een uur drogen. Als de koekjes hierna nog een beetje vochtig zijn, moeten ze een paar uur aan de lucht worden bewaard.

5) Opgeslagen in een blik blijft de Rollis enkele weken en zelfs maanden goed.

## *Zoethout kerstkoekjes*

Als sommige ruiters verjaardagstaarten bakken voor hun paarden, dan kunnen paarden in deze periode ook Kerstmis vieren of op zijn minst heel speciale traktaties krijgen. Kaneel en zoethoutwortel kunnen worden gebruikt om een kerstaroma te creëren. Bovendien is zoethoutwortel in belangrijke mate verantwoordelijk voor de gezondheid van het maagslijmvlies en de luchtwegen. De natuurlijke maagfuncties kunnen worden versterkt door het zoethout, dat op vele manieren kan worden gebruikt. De maag van een paard is zeer gevoelig en verdraagt bijgevolg minder voedsel. Dit komt doordat de maag permanent maagzuur produceert en niet slechts een paar keer per dag, zoals bij de mens het geval is. Zoethoutwortel verstevigt het maagslijmvlies, waardoor het lichaamseigen maagzuur niet langer zure oprispingen veroorzaakt en ook geen pijn meer veroorzaakt. Bovendien worden de slijmvliezen binnen de bronchiën door het zoethout verzorgd. Niet alleen brengt het de kerstsfeer in de stal, maar het is ook een middel tegen verkoudheid.

**Voor de zoethout kerstkoekjes heb je nodig:**

200 g volkoren tarwemeel
150 g volkoren havervlokken
100 ml rode bietensap
100 g suikerbietensiroop
1 theelepel kaneel
2 eetlepels gemalen zoethoutwortel
optioneel: 1 bietenknol

**Voorbereiding:**

1) In principe hoef je alleen maar alle ingrediënten in een kom te doen. Het is belangrijk dat de vloeibare ingrediënten eerst worden gemengd, zodat het kneden later niet te moeilijk is.

2) Voeg dan geleidelijk de droge ingrediënten toe. Als het deeg te stevig is, kunt u eventueel leidingwater of meer bietensap toevoegen.

3) Bovendien kan een knol biet in kleine stukjes of blokjes worden gesneden en vervolgens voorzichtig in het afgewerkte beslag worden gevouwen voor een sappige textuur.

4) Het deeg moet nu worden uitgerold tot een dikte van ongeveer een centimeter. Als het een beetje plakt, kunt u werken met meer volkorenmeel of gemalen havervlokken. Dit deeg is zeer geschikt om verschillende figuren uit te snijden of om naar hartelust met vormen te experimenteren.

5) De koekjes moeten nu op een met bakpapier beklede bakplaat worden gelegd en vervolgens op 180 graden gedurende tien minuten worden gebakken tot ze goudbruin zijn. De koekjes moeten dan twee tot drie dagen rusten, zodat ze wat steviger worden. Zij hoeven niet noodzakelijkerwijs in de open lucht te worden opgeslagen.

Aangezien dit recept niet alleen tarwe, maar ook vrij veel (fruit)suiker bevat, moet u niet te veel koekjes voeren en slechts af en toe. Maar tijdens de kerstperiode mag je best af en toe iets zoets hebben!

## *Apple Cinnamon Kerstballen*

Als u niet zoveel keuze hebt als in het vorige recept, zult u heel tevreden zijn met het recept dat nu volgt, omdat alle ingrediënten in de voorraadkast te vinden zijn. Appels brengen veel belangrijke vitaminen met zich mee, maar bovenal is dit recept meer bedoeld als beloning. De balletjes die zo ontstaan, smaken bijzonder goed bij paarden en het vleugje kaneel brengt een heerlijk kerstaroma in de stal.

**Alles wat je nodig hebt voor dit eenvoudige recept is:**

3 appels / 250 g suikervrije appelmoes
300 g vruchtenmuesli / 250 g volkoren havervlokken + 50 g sultanarozijnen
1 afgestreken theelepel kaneel

**Voorbereiding:**

1) Nadat de appels zijn gewassen, kunnen ze met een keukenrasp zo fijn mogelijk worden geraspt. Het appelmengsel gaat in een kom. Als alternatief wordt de appelmoes met de overige ingrediënten gemengd en tot een kneedbare massa gevormd. Als de massa een beetje te stevig is, kunt u hem helpen met water, appelsap of warme appelthee.

2) Kaneel moet hier heel voorzichtig behandeld worden. Het mond- en keelgebied van een paard is veel gevoeliger dan dat van een mens. Van kaneel is bekend dat het onaangename jeuk op de huid kan veroorzaken. Een afgestreken theelepeltje is dus voldoende.

3) Vorm met uw handpalmen kleine balletjes van de ontstane massa. Deze worden op een bakplaat gelegd die vooraf met bakpapier is bekleed alvorens de Rollis gedurende één à

twee uur op 100 graden Celsius moeten bakken. Het is niet alleen belangrijk op de kleur te letten, maar u kunt ook met een houten stokje testen of de binnenkant van de balletjes nog vloeibaar is.

4) Daarna moeten de ballen een paar uur drogen, zodat de laatste vloeistoffen opdrogen.

## *Tarwe Zemelen Zonnebloempitten Crackers*

Het volgende recept is niet alleen veganistisch, maar kan worden gebakken met ingrediënten die in elke voorraadkast te vinden zijn, mocht het fruit in de winter opraken. Zonnebloempitten, tarwezemelen en havervlokken kunnen een hoge waarde van het aminozuur methionine leveren. Dit aminozuur is essentieel in paardenvoer en is een beperkende factor. Ook het oliegehalte in de zonnebloempitten is bijzonder hoog. Hoewel de in dit recept beschreven crackers dus bijzonder hard en knapperig zijn, voorzien zij het paard van belangrijke onverzadigde vetzuren. Bovendien bevatten zonnebloempitten geen zetmeel of suiker, waardoor ze bijzonder populair zijn in de huidige trend van graanvrije voeding.

**Voor de crackers heeft het nodig:**

100 g tarwezemelen
50 g zonnebloempitten
1 snuifje zout
4 opgehoopte eetlepels gezwollen havervlokken

**Voorbereiding:**

1) De bereiding van de tarwezemelen zonnebloemcrackers is bijzonder eenvoudig. Alle ingrediënten moeten in een kom worden gedaan. Het is belangrijk dat de havervlokken van tevoren een paar minuten in een waterbad opzwellen. Het resultaat is een nogal slijmerige zaak. De gezwollen havervlokken dienen als bindmiddel, want noch papperig fruit, noch zetmeel wordt in dit recept als bindmiddel gebruikt.

2) Het resulterende mengsel kan het best worden gehanteerd met wegwerphandschoenen, aangezien het vrij vloeibaar en ook enigszins kleverig is. Om crackers te maken, kan een

handvol van dit mengsel gewoon op bakpapier worden plat-gedrukt. Als u een nog sterkere crackerlook wilt, kunt u de bijbehorende gaatjes met een vork doorprikken.

3) De crackers moeten nu in de oven op 175 graden gedurende 20 minuten. Het is belangrijk om de crackers om de tien minuten te draaien.

4) Ten slotte moeten de crackers volledig afkoelen voordat ze aan een paard kunnen worden gevoerd.

## *Spelt Bites*

Spelt is in principe net zo licht verteerbaar als haver. Dus spelt kan ook worden gebruikt voor elk recept waarin haver wordt gebruikt. Spelt is echter veel moeilijker te kauwen. Sommige ruiters zijn hier voorstander van, omdat langer kauwen de insalivatie van het voedsel bevordert, waardoor er minder maagklachten zijn. Maar niet elk paard heeft zo'n goed gebit of zo'n sterke kaak. Het volgende recept is dus voor traktaties die wat harder zijn en bedoeld zijn om de kaken van bijvoorbeeld veulens en jaarlingen te versterken.

**Voor de spelt happen heeft het nodig:**

200 g volkoren speltmeel
150 g volkoren havervlokken
225 g suikerbietenstroop / 225 g vloeibare honing

**Voorbereiding:**

1) Met dit recept moet je vrij snel werken. De suikerbietenstroop of honing is bijzonder kleverig en hoe warmer uw eigen handen of het deeg zelf worden, hoe kleveriger het mengsel wordt.
2) Alle ingrediënten moeten in een kom worden gemengd tot de massa stevig genoeg is om niet meer met een houten lepel te worden bewerkt. Kneed vervolgens met uw handen tot het mengsel taai is en het deeg een vrij stevige consistentie heeft. Eventueel kan een beetje water of meer havervlokken worden toegevoegd als de gewenste consistentie nog niet is bereikt.
3) Het deeg kan dan worden uitgerold. Nu kun je alle soorten koekjesvormen gebruiken. U kunt uw creativiteit de vrije

loop laten! De uitgeknipte vormen moeten op een met bakpapier beklede bakplaat worden gelegd en vervolgens in de oven worden geplaatst. Bak op 180 graden Celsius gedurende 10 tot 30 minuten. Het hangt ervan af welke vorm werd gekozen bij het uitsnijden van de vormpjes en hoe dik de spelthapjes uiteindelijk zijn geworden. De hapjes zijn klaar wanneer ze niet meer zacht en vloeibaar zijn.

4) De hapjes moeten vervolgens enkele uren in de frisse lucht uitharden en kunnen vervolgens in een blik of een pot met schroefdop gedurende enkele weken worden bewaard.

### *Honing bommen*

In principe wordt gezegd dat alle vormen van suiker moeten worden vermeden, vooral natuurlijke fructose. Toch is suiker geen puur vergif. Net zoals het geen positief effect heeft op mensen in grote hoeveelheden, heeft het ook geen positief effect op paarden. Bovendien zijn ruiters zich ervan bewust dat paarden van tijd tot tijd een beetje koppig kunnen zijn, vooral wanneer ze voor het eerst proberen te trainen. Daarom zijn er bepaalde recepten die bijzonder smakelijk zijn en daarom als goede beloning dienen tijdens de training. Een daarvan is dit recept, dat in bijzonder kleine koekjes wordt gemaakt, maar sterk naar zoete honing smaakt en dus de paardenmond doet kwijlen.

**Voor de honingbommen die het nodig heeft:**

100 g gedroogde maïs (maïsmeel)
50 g tarwebloem
50 g tarwegriesmeelzemelen
3 eetlepels koolzaadolie
200 g lauw water
5 volle eetlepels zoete weipoeder
100 g honing
Wegwerphandschoenen

**Voorbereiding:**

1) Hoewel de ingrediënten niet bepaald weinig zijn, is de bereiding vrij eenvoudig. Het enige wat je hoeft te doen is alle ingrediënten in een kom te doen en ze samen te mengen. Het is belangrijk ervoor te zorgen dat de vloeibare ingrediënten eerst in een grote kom worden gemengd. Zo ontstaat een soort honing-water met olie.

2) Meng in een aparte kom de droge ingrediënten, die vervolgens in kleine stapjes aan het honing-water worden toegevoegd. Dit maakt het kneden veel gemakkelijker. In het begin moet voor het mengen een grote houten lepel worden gebruikt. Na een tijdje zal het deeg echter te zwaar zijn om met de houten lepel te bewerken, zodat u met uw handen verder moet gaan. Aangezien het deeg vrij kleverig is, moeten hier wegwerphandschoenen worden gedragen.

3) Het deeg wordt nu in de handpalmen tot bijzonder dichte ballen gevormd, die vervolgens kunnen worden platgedrukt tot een dicht deeg. Zorg ervoor dat de balletjes vrij klein zijn, want het deeg bevat veel honing en de koekjes zullen later in dit opzicht sterk gedoseerd zijn.

4) De koekjes moeten nu eerst en vooral drogen. Daarom worden ze op een bakplaat gelegd, die vooraf met bakpapier is bekleed, en gedurende twee uur in de oven op 100 graden Celsius geplaatst. Het is niet de bedoeling dat de koekjes kleur krijgen, maar wel dat ze voldoende vocht verliezen en zo droog mogelijk worden.

## *Notenreep met rode bessen*

De aalbes staat erom bekend dat hij vrij zuur is. Rauw lijkt hij bijna op een citroen en terwijl wij tweevoeters er het liefst jam of marmelade van maken, hebben paarden vooral baat bij de bijzonder kleine en dus zure bessen.

De aalbes is rijk aan ijzer en kan daarom paarden helpen die aan een ijzertekort lijden. Dit gebeurt vrij zelden bij paarden, maar des te vaker na ziekten en verwondingen. De aalbes bevat ook veel vitamine C. Jonge paarden kunnen dit uit de aalbes halen. Jonge dieren krijgen dit nog binnen via hun dagelijks voer, maar senioren hebben problemen met het opnemen van de juiste hoeveelheden vitamine C. Dit kan ook de weerstand van een paard verbeteren. Dit kan ook het afweersysteem van een ouder dier versterken. Bovendien wordt een onderscheid gemaakt tussen rode en zwarte bessen. De rode bessen zijn bijzonder nuttig bij diarree, omdat zij een constiperende en adstringerende werking hebben. De lichaamseigen warmte wordt omgeleid en het bloed kan zo beter worden gereinigd. Zwarte bessen hebben daarentegen een bijzonder verkoelende werking, waardoor zij ontstekingen helpen verminderen en de luchtwegen vrij van infecties houden.

### Voor de notenrepen heb je nodig:

350 g gehakte noten (amandelen, hazelnoten, walnoten)
150 g aalbessen
Honing

### Voorbereiding:

1) In principe hoef je alleen maar alle ingrediënten te mengen. Maar daarvoor moeten de aalbessen worden geprepareerd. De eerste stap is de bessen grondig te wassen. Dan moeten ze gepureerd worden in een kom. Hier kan ook een scheutje honing aan worden toegevoegd, dat dient als natuurlijke

lijm. Dit kan echter ook worden vervangen door gezwollen lijnzaad, dat een soortgelijke kleverige en vooral slijmerige consistentie heeft.

2) De fijngehakte noten kunnen aan de vloeibare massa worden toegevoegd. Door alle ingrediënten goed door elkaar te mengen, moet een vrij stevige massa ontstaan. Deze kunnen nu tot staven worden gevormd.

3) De rechthoeken moeten een afmeting hebben van vijf bij drie centimeter, maar er kan ook worden gekozen voor een langwerpige staafvorm. Verder kunt u ook met koekjesvormpjes werken, maar dat vereist nogal wat kracht.

4) Op een met bakpapier beklede bakplaat kunnen de repen nu in een op 100 graden voorverwarmde oven worden geplaatst, waar ze 90 minuten moeten drogen. Het is belangrijk dat de repen ook van tevoren uit de oven kunnen worden gehaald als ze te donker worden. De rest van de tijd kunnen ze drogen in de frisse lucht.

## *Pompoen-zwarte komijn stokjes*

Ook al is zwarte komijn geen conventioneel voedingsmiddel voor paarden, toch vervult deze specerij zeer belangrijke functies. Zwarte komijn ondersteunt het immuunsysteem, en doet dat op natuurlijke wijze. In het bijzonder wordt de natuurlijke regulerende functie van de zogenaamde immuunrespons versterkt. Het kruid is daarom zeer nuttig bij het versterken van de immuunrespons van de huid wanneer het lichaam wordt aangevallen door bacteriën, parasieten of andere ziekteverwekkers. Zwarte komijn kan met veel kruiden en zelfs met medicijnen worden gecombineerd. Het is echter belangrijk om eerst een dierenarts te raadplegen, aangezien sommige paarden allergisch zijn voor zwarte komijn.

**Voor deze speciale stokken is het nodig:**

100 g gehakte pompoenpitten
50 g zwarte komijn / 25 ml hooggedoseerde zwarte komijnolie
100 g havervlokken
50 g volkorenmeel
200 g lauw water

**Voorbereiding:**

1) Ook voor dit recept hoef je alleen maar alle ingrediënten in een kom te mengen. Aangezien het deeg vrij zacht is, is het niet nodig de droge ingrediënten eerst van de vloeibare ingrediënten te scheiden, maar deze procedure maakt het toch gemakkelijker het deeg te bewerken.

2) Wanneer alle ingrediënten tot een gelijkmatig deeg zijn verwerkt, kunnen er stokjes van worden gemaakt. Cilinders met een diameter van één centimeter en een lengte van drie tot vier centimeter zijn geschikt. Zorg ervoor dat het deeg bij het vormen zo stevig mogelijk wordt samengedrukt, zodat de

stokjes in de oven niet uit elkaar vallen of openbarsten zoals krakelingen.

3) De stokjes moeten nu gedurende 90 tot 120 minuten op 150 graden Celsius worden gebakken. Het is belangrijk ervoor te zorgen dat de koekjes geen gebakken korst krijgen. Als dit gebeurt, moet de temperatuur lager worden gezet!

# Horse cake en muesli

## *Verjaardagstaart*

Sommige paarden willen af en toe een verjaardagstaart voor hun verjaardag, en ook al worden in kinderseries en -films met botercrème bedekte taarten geserveerd, in werkelijkheid is dit natuurlijk niet geschikt. In plaats daarvan is dit recept een zeer gezonde taart die ook nog eens heerlijk smaakt en vertrouwt op de natuurlijke kracht van appels, die in bijzonder veel recepten te vinden zijn vanwege hun vele vitaminen en hun zeer stimulerende smaak voor paarden.

**Voor de verjaardagstaart heb je nodig:**

2 appels
2 wortels
Tarwezemelen
Haver
facultatief: rode biet voor het verjaardagsnummer

**Voorbereiding:**

1) Voor dit recept is geen oven nodig, maar rasp je de ongeschilde appels en meng je ze met de tarwezemelen en haver tot een stevig mengsel.
2) De wortelen worden gewassen en ongeschild geraspt of in hapklare stukken gesneden en door het mengsel geroerd.
3) Dan heb je een eenvoudige taartvorm nodig, bijvoorbeeld een hart. Het mengsel moet nu soepel hierin worden geperst. Daarna kan de vorm op een bord of plank worden gezet en is de verjaardagstaart klaar. Er kan ook een nummer worden gevormd van plakjes rode biet.

4) Als u de cake wat zoeter wilt maken, moet u toch zuivere suiker vermijden. In plaats daarvan is een beetje vruchtenzoetstof of zelfs een scheutje honing geschikt om de dag te vieren.

## *Appeltaart*

Paardenkoeken verschillen van paardenkoeken doordat ze niet hoeven te worden gebakken. Het mengsel hoeft alleen maar een poosje in de koelkast uit te harden voordat het kan worden opgediend. Zo zijn taarten eenvoudig, maar ook hier is het niet gemakkelijk de juiste consistentie te vinden. Omdat er geen gelatine of zetmeel wordt gebruikt, stolt de taart niet zo gemakkelijk als bij een botercrème- of slagroomtaart. Het volgende recept, dat een hemelse traktatie belooft met gedroogde appelstukjes, is bedoeld om precies dat te doen: het bakken van paardentaart nog gemakkelijker maken dan het al is.

**Voor deze appeltaart heb je nodig:**

3 appels
50 g erwtenvlokken
50 g havervlokken
50 g tarwezemelen
50 g volkoren tarwemeel
3 el. lijnzaad
3 eetlepels plantaardige olie
3 eetlepels distelzaad
50 g maïs
300 ml lauw water
Wegwerphandschoenen

**Voorbereiding:**

1) In tegenstelling tot taarten die geschikt zijn voor menselijke consumptie, is dit recept veel eenvoudiger en aanpasbaarder. Naar wens kunnen ook kruiden of andere vruchten worden toegevoegd.

2) De appels moeten eerst worden gewassen en vervolgens in kleine stukjes worden gesneden. De appels kunnen vers of

gedroogd zijn. Hier hangt het meer af van de gewenste textuur.

3) Zodra de appels in kleine stukjes zijn gesneden, kunnen de overige ingrediënten in een kom met de appels worden gedaan en vervolgens samen worden gekneed. Aangezien dit geen erg schone en kleverige aangelegenheid is, raden wij u aan wegwerphandschoenen te dragen of uw handen voldoende te bevochtigen wanneer u met het deeg werkt.

4) Om ervoor te zorgen dat het mengsel zijn vorm behoudt, moet het in een cakevorm worden geperst. Je kunt elke vorm kiezen, maar wij raden een hartvorm aan. Het is belangrijk dat het mengsel stevig wordt aangedrukt, anders valt de cake naderhand uit elkaar.

5) Zet de taartvorm 40 minuten in de koelkast, zodat het mengsel kan uitharden en zijn vorm behoudt. Om het mengsel uit de cakevorm te krijgen, drenkt u een handdoek in heet water, legt u die om de cakevorm en drukt u hem een beetje aan. Hierdoor zullen de randen van de cakevorm ontdooien en na een paar seconden kan hij gewoon omhoog worden getild.

Het is aan te bevelen de taart te presenteren met verse wortelen!

## *Appel-banaan taart*

Bananen en appels zijn een heerlijke combinatie, die niet alleen fantastisch smaakt, maar ook belangrijke vitaminen en ingrediënten levert. Er moet echter voorzichtig worden omgesprongen met de hoeveelheid. Appels bevatten veel fructose en bananen veel kalium. Gelukkig merkt het paard daar in kleine hoeveelheden niets van. Het zou bijzonder grote hoeveelheden en zakken vol fruit vergen om de paarden echt te schaden. Dit recept kan dus zonder aarzelen door paarden van alle soorten worden gegeten en is bovendien erg gezond, aangezien er geen kunstmatige suiker wordt gebruikt.

**Alles wat je nodig hebt voor de appel-banaan cake is:**

3 appels
5 bananen (3 voor het deeg, 2 voor de versiering)
300 g havervlokken

**Voorbereiding:**

1) Terwijl de bananen met een vork worden gepureerd, moeten de appels zo fijn mogelijk worden geraspt met een keukenrasp. Het is belangrijk het vruchtensap op te vangen, dat maakt de cake bijzonder sappig.

2) Zodra deze voorbereidingen zijn getroffen, kunnen alle ingrediënten in een kom worden gedaan. Daar moet alles gemengd worden tot een stroperige massa, die ook nog behoorlijk kleverig is.

3) Dit mengsel kan nu in een vorm worden gedaan. Eventueel kunnen nu stukjes fruit worden toegevoegd of kan het deeg iets gezoet worden, indien gewenst. Anders heeft u een mal naar keuze nodig. Een ronde vorm is geschikt voor dit deeg,

want het deeg is iets te grof voor een vierkante vorm. De hoeken zouden erg rommelig worden.

4) Aangezien dit recept een van de weinige recepten voor paardentaart is die moeten worden gebakken, moet de vorm nu tien tot 20 minuten in de oven op 180 graden Celsius. Het hangt ervan af hoe hoog de massa in de mal zit.

5) Het gebak moet dan een hele dag afkoelen en hard worden. Aan het eind, kan het versierd worden. Twee bananen, gepureerd met een vork, kunnen bovenop worden gesmeerd. Eventueel kunnen meer appels bovenop de bananenpuree worden gelegd.

Overigens is deze cake ook heerlijk om van te genieten door mensen!

## *Appel en rode bieten taart*

Het volgende recept is heel eenvoudig en ook een traktatie voor mensen. Bovendien is het weer onder het motto dat gebak ook lekker kan smaken zonder te bakken. Het enige wat nodig is, is een goede basis, die bij elkaar blijft na afkoeling, en toppings die een paard bijzonder lekker vindt.

**Daarom, voor deze taart is het nodig:**

500 g broodkruimels (alternatief knäckebröd / beschuit)
2 appels
1 rode biet knol
3 eetlepels plantaardige olie
Honing
optioneel: zonnebloempitten / lijnzaad

**Voorbereiding:**

1) Het eerste wat je moet doen is een basis maken. Om dit te doen, meng de broodkruimels met de olie. Als er een beetje sap over is van het bereiden van de bieten, kan dit ook aan het paneermengsel worden toegevoegd. Het hoeft helemaal geen klassiek deeg te zijn, zelfs niet iets dat enigszins kneedbaar is, maar het moet juist heel kruimelig zijn. De broodkruimels moeten nu in een ronde bakvorm worden geperst om een bodem te vormen.

2) De bodem moet nu in de koelkast worden geplaatst zodat hij al kan uitharden. In de tussentijd kan het fruit worden gewassen en in kleine plakjes worden gesneden. Als de bodem een half uur in de koelkast heeft gestaan, kunnen de schijfjes appel en rode biet er nu op worden gelegd om een mooi patroon te maken. Om te voorkomen dat de plakjes weer recht

naar beneden vallen, kan de bodem worden bestreken met honing of suikerbietensiroop. Zo blijven de plakjes fruit plakken. Eventueel kunnen zonnebloempitten of lijnzaad over de taart worden gestrooid.

3) Tenslotte moet de taart nu een uur in de koelkast rusten.

## *Worteltaart*

Worteltaart is niet alleen in de mensenwereld een klassieker, maar ook paarden kunnen niet genoeg krijgen van wortelen. Dus waarom geen worteltaart? Het is gemakkelijk te bakken, het recept is kort en de paarden zijn ongelooflijk blij om zoveel liefde en genegenheid te ontvangen.

**Alles wat je nodig hebt voor de worteltaart is:**

400 g havervlokken
3 wortels
50 g tarwezemelen
4 el. lijnzaad
500 ml lauw water

**Voorbereiding:**

1) Nadat de wortelen zijn gewassen en in hapklare stukken zijn gesneden, worden ze in een grote kom gedaan met de andere ingrediënten. Na even roeren wordt al snel duidelijk dat het mengsel te waterig is. Dit is echter precies hoe het moet, want het mengsel moet nu 20 minuten trekken! De haver, het lijnzaad en de tarwezemelen moeten eerst het water opnemen om een deegachtige consistentie te verkrijgen. Dit gebeurt alleen met een beetje geduld.

2) Het deeg moet daarna enigszins kleverig zijn en als dichte sneeuw bij elkaar blijven. Nu kunnen verschillende manieren worden gekozen. Door het deeg in een vorm te persen en vervolgens in de koelkast te plaatsen, ontstaat een taart zonder bakproces, die bijzonder zacht en sappig is. Als dit echter niet genoeg "cake" is, kan de cake ook 20 minuten in de oven op 180 graden Celsius. Het is echter zeer belangrijk ervoor

te zorgen dat de cake volledig is afgekoeld alvorens hem te voeren!

3) Welke manier u ook kiest, de taart kan dezelfde dag of de dag erna worden gegeten. In de winter kan de taart worden versierd met appels, terwijl een wortel bovenop ook kan dienen als verjaardagsnummer.

## *Paarden muesli*

Paardenmuesli kan worden beschouwd als een bijzonder gezond alternatief. Hier kunt u werken met veel ingrediënten die ook voor mensen smakelijk zijn. In dit recept zijn sultana's verwerkt. Sultana's vormen geen probleem als zij niet in bijzonder grote hoeveelheden worden gevoerd, anders zou diarree kunnen ontstaan. Bovendien zijn sultanarozijnen gewoon gedroogde druiven, wat betekent dat ze een hoog fructosegehalte hebben. Koop voor dit recept dus ofwel verse biologische sultanarozijnen ofwel droge druiven uit eigen tuin. Het is geen goed idee om sultana's uit menselijke muesli te halen, omdat in onze conventionele muesli veel kunstmatige suiker is gebruikt. Ook wordt er natuurlijk geen melk gebruikt in dit recept.

**Voor de paarden muesli die het nodig heeft:**

500 g haverzemelen
500 g lijnzaad
250 g havervlokken
250 g zonnebloempitten
300 g sultanarozijnen
1 l kamillethee
1 l venkel-komijn-anijs thee

**Voorbereiding:**

1) De bereiding van muesli is in wezen zeer eenvoudig, en dat verandert niet met paardenmuesli. Alles wat je moet doen is alle ingrediënten in een grote emmer doen. Het wordt snel duidelijk dat de muesli een beetje waterig is. Dat is goed, want sommige ingrediënten moeten eerst opzwellen in de thee. Laat de emmer daarom tien tot 15 minuten staan alvorens hem voor het paard te zetten of verdeel hem over verschillende voederbakken.

2) In de winter of wanneer het juist wat kouder wordt, wat in een stal nogal onaangenaam kan zijn, kan ook warme thee worden gebruikt. Het is echter belangrijk ervoor te zorgen dat de muesli uiteindelijk niet te heet is. De ingrediënten kunnen met hete thee worden aangelengd, maar het is van essentieel belang dat de temperatuur wordt gemeten voordat de muesli in een paardenstal wordt gezet. Brandwonden aan de mond en keel zijn bij paarden veel erger dan bij mensen. Dus voorzichtigheid is hier geboden.

# Afsluitende woorden

De voeding van paarden is een uiterst gecompliceerde aangelegenheid en niet iedere ruiter of paardeneigenaar is opgewassen tegen deze verantwoordelijkheid. Daarom is in dit boek beschreven hoe de spijsvertering van een paard precies werkt en welke onderdelen bijzonder belangrijk zijn. Het spijsverteringsstelsel van het paard verschilt aanzienlijk van dat van de mens. Het is veel complexer en dienovereenkomstig gevoeliger, wat de reden is waarom veel ruiters vertrouwen op een monotoon hooi dieet en terughoudend zijn om dit te veranderen. In dit boek wordt echter heel eenvoudig uitgelegd hoe dit precies kan worden gedaan. Met traktaties en koekjes en zelfs cake kan zelfs het meest eentonige dieet een beetje worden veranderd. Dit stimuleert niet alleen de eetlust, maar het kan ook het paardenlichaam helpen.

Toch beschrijft dit boek alleen de basis. De lijst van voedingsmiddelen die een paard niet mag verteren is bijzonder lang en gaat zeer gedetailleerd te werk. Hier daarentegen zijn alleen de basisprincipes uitgelegd van zaken die bijzonder vaak aan de orde zijn. Ook op het gebied van kruiden en planten zijn natuurlijk niet alle planten die veilig zijn voor een paard opgesomd. Er zijn miljoenen plantensoorten op deze wereld en vooral veel daarvan zijn niet alleen smakelijk, maar leveren ook zeer belangrijke ingrediënten. Aangezien een dergelijke lijst niet mogelijk is in een boek met een vrij beperkte omvang, zijn hier alleen de essentiële onderdelen behandeld.

Elke ruiter kan belangrijke extra kennis opdoen met dit boek. Zeer weinig ruiters leren actief over paardenvoeding. Op sommige scholen wordt dit in de lessen enigszins uitgelegd, maar uiteindelijk worden de rijders aan hun lot overgelaten. In de rijlessen wordt ervoor gezorgd dat de paarden altijd te eten krijgen, maar over de ingrediënten wordt nooit gesproken. Dit boek biedt daarom belangrijke achtergrondkennis die ook nuttig kan zijn voor ruiters en paardeneigenaars die al enkele jaren voor paarden zorgen.

Uiteindelijk staat dit boek vooral voor één ding: een bakboek dat de lezer moet aanmoedigen om de hier opgesomde recepten uit te proberen en er de huisdieren in de stal mee te verwennen. De recepten zijn vrij eenvoudig: ze vergen slechts weinig tijd om te bereiden en de meeste ingrediënten zijn in de kast te vinden. Havervlokken en fruit zijn de hoofdingrediënten van de meeste recepten.

Sommige dingen moeten gekocht worden. Bananen, bijvoorbeeld, zijn in geen enkele tuin te vinden, en ook sommige kruiden zijn moeilijk zelf te telen. Toch is het de moeite waard om af en toe de eigen tuin in te gaan of de ogen open te houden tijdens een rit te paard. Elke lezer zou zich ook aangemoedigd moeten voelen om zelf enkele planten te kweken in zijn eigen tuin of zelfs in zijn eigen huis. Dit is niet alleen een duurzame manier van werken, maar werken in de keuken kan ook heel leuk zijn.

Tot slot moet hier worden gezegd dat alle recepten ook kunnen worden gewijzigd naar gelang van de behoeften van een paard. Vruchten kunnen bijvoorbeeld naar believen worden vervangen, honing en suikerbietensiroop kunnen worden vervangen door gezwollen chiazaad en ook alle kruiden zijn onderling verwisselbaar. Omdat al deze recepten veranderd kunnen worden, is in de eerste hoofdstukken van dit boek ook opgesomd welke planten, kruiden en vruchten bijzonder goed zijn voor een paard en van welke planten paarden beter kunnen afblijven om redenen als vergif of spijsverteringsproblemen.

Traktaties maken is dus een manier om een veel diepere band met een paard te krijgen en ook om veel plezier te hebben. Op deze manier kan niet alleen iets goeds worden gedaan voor de eigen lievelingen wanneer zij lijden aan ziekten of soortgelijke problemen, maar kan ook de opleiding worden bevorderd met de juiste beloningen. Niettemin dient hier als waarschuwing te worden vermeld dat een paardendierenarts moet worden geraadpleegd wanneer men overweegt met ongebruikelijke ingrediënten te werken. Paarden kunnen zowel allergieën als intoleranties ontwikkelen, zelfs wanneer zij het voeder voordien zonder problemen hebben kunnen eten. Een professional weet altijd meer dan dit het geval is bij klassieke paardeneigenaars, en daarom is het soms de moeite waard om een beetje geld uit te geven voor een eenvoudig gesprek.

Traktaties zijn trouwens ook een zeer goede manier om medicijnen of voedseladditieven in poedervorm aan een onbuigzaam paard te geven. Paarden zijn echter zeer slimme dieren die een rat vaak onmiddellijk ruiken. Traktaties en koekjes moeten dus in de eerste plaats gebakken worden om de lievelingen iets lekkers te geven, niet om een duidelijk groter doel na te streven. En deze traktaties zijn geen medicijndrift!

En nu veel plezier in je eigen keuken! De paarden zullen je zeker dankbaar zijn.

# Bronnen


Augustine, M. (2021) DIY paarden traktaties - geweldige recepten om te volgen. Animalon GmbH. Hilden, Duitsland.

Dr Sitzenstock, P. (2021) Gezonde geneeskrachtige kruiden en planten voor paarden. Geschreven door Dokter Patricia Sitzenstock voor Pavo feeding excellence. Pavo-futter.de.

Dr. Weyrauch, S. (2021) Das Verdauungssystem von Pferden. Agrobs GmbH. Advies over paardenvoeding. Degerndorf.

Klabunde, I. (2019) Zelf paarden traktaties maken: Twee gezonde recepten. Utopia - de paardengids.

Obst, S. (2015) Eine Feldstudie zu Energiebedarf und Rationsgestaltung bei Hochleistungsspringpferden. Inaugurele dissertatie voor de toekenning van het doctoraat aan de Faculteit Diergeneeskunde van de Ludwig-Maximilians-Universiteit München. München / Homburg.

Officinalis-reeks (2021) Natuurlijke koekjes voor paarden (Natuurlijke koekjes voor paarden met groenten en fruit: een gezonde en delicate beloning). OFFICINALIS. integratori, shampoo e gel naturali per cavalli. Dalla Grana Mangimi. Lonigo (VI). Via Zara.

Pisarzewski, L. (2021) Verjaardagstaart voor het paard. reitsport.ch. SwissCommerce AG: Schwerzenbach, Zwitserland.

Schmidt, D. (2018) Zelf paardenlekkernijen maken - de 5 beste recepten. Focus Online. Praktische tip.

Schrick, I. (2021) Pferdeleckerlis selber machen. Picadera. Mannheim, Duitsland.

Schröder, T. & Trebbe, A. (2021) Fütterung: Pferde richtig füttern. pferde-aktuell. Deutsche Reiterliche Vereinigung e.V. - Bundesverband für Pferdesport und Pferdezucht 1996 - 2021

Matroos. (2016) Paardenlekkernijen: thuis zelfgemaakt! Mijn paard. JAHR MEDIA GmbH & Co. KG. Hamburg. Duitsland.

Stuck, S. (2017) Weihnachtliche Pferdeleckerlis (lekkernijen voor de kersttijd). Svenja Stuck. Natural Horsemanship. Mynaturaldressage.

# Erkenning

In het algemeen is de auteur van een boek altijd degene die in de schijnwerpers staat. Helaas, want zonder de actieve steun van vele mensen op de achtergrond kunnen boekprojecten meestal niet worden gerealiseerd. Dat is hier ook het geval. Zonder mijn vele bekwame "helpers" zou dit boek over het onderwerp IJslandse paarden zeker niet hebben bestaan.

En natuurlijk ben ik ook dankbaar voor uw belangstelling, beste lezer. Ik ben erg blij dat u het boek tot nu toe gelezen heeft en dat u mij uw tijd heeft gegeven. U weet misschien al dat onafhankelijke auteurs het niet bepaald gemakkelijk hebben op de zeer concurrerende boekenmarkt. De beste manier om andere lezers op dit boek te attenderen is door er commentaar op te geven. In dit verband zou ik het zeer op prijs stellen als u de tijd zou nemen om een reactie op dit boek achter te laten. Op die manier kunt u andere lezers helpen een aankoopbeslissing te nemen en dit boek misschien wat bekender maken. Het ligt in jouw handen.

*Allemaal heel erg bedankt - we waarderen het echt!!!*

**Afdruk**

Zelfgemaakte paarden traktaties.
Plezier in je eigen keuken - Het receptenboek.
M. Mittelstädt, Sherif Khimshiashvili Street N 47 A, Batumi 6010, Georgia